孔宪卫 马殿光 孙建庭 李笑晨 李晓松 郑 鑫 王晨阳 张 帅◎著

渤海超大型船舶智慧通航关键技术研究及应用

河海大学出版社
HOHAI UNIVERSITY PRESS
·南京·

图书在版编目(CIP)数据

渤海超大型船舶智慧通航关键技术研究及应用 / 孔宪卫等著. -- 南京 : 河海大学出版社, 2024. 12.

ISBN 978-7-5630-9479-0

Ⅰ. U697.1-39

中国国家版本馆 CIP 数据核字第 2025E4S577 号

书　　名 渤海超大型船舶智慧通航关键技术研究及应用
BOHAI CHAODAXING CHUANBO ZHIHUI TONGHANG GUANJIAN JISHU YANJIU JI YINGYONG

书　　号 ISBN 978-7-5630-9479-0

责任编辑 张心怡

特约校对 马欣妍

封面设计 张世立

出版发行 河海大学出版社

地　　址 南京市西康路 1 号(邮编:210098)

电　　话 (025)83737852(总编室)　(025)83722833(营销部)

经　　销 江苏省新华发行集团有限公司

排　　版 南京布克文化发展有限公司

印　　刷 广东虎彩云印刷有限公司

开　　本 718 毫米×1000 毫米　1/16

印　　张 7

字　　数 139 千字

版　　次 2024 年 12 月第 1 版

印　　次 2024 年 12 月第 1 次印刷

定　　价 60.00 元

前言

本书针对全球经济一体化背景下的海上运输量激增及船舶大型化趋势，深入探讨了超大型船舶(如40万吨散货船、油轮、集装箱船及LNG船舶)在复杂通航环境下的智慧通航与安全靠离泊关键技术。研究始于2006年，内容涵盖超长航路乘潮水位计算新方法，以及风、浪、流、船舶等多维要素耦合的高效高精度数学模型，旨在精确模拟并优化船舶航行及靠离泊过程。书中构建了从船舶驶入(出)航道至靠离泊全过程的综合评价模型，结合乘潮水位算法与数值模拟技术，开发出超大型船舶通航安全预报系统，为港口管理、船舶运营提供了科学的决策支持。

作者在书中不仅系统阐述了相关理论与方法，还详细介绍了天津港太平洋国际码头、曹妃甸港矿石码头等实际案例中的应用实践，展现了研究成果的实用性与有效性。本书读者对象广泛，包括船舶工程、港口航道工程、海洋工程领域的科研人员、工程师，以及海事管理部门、航运企业管理人员等，对于推动船舶大型化、提升港口运营效率、保障海上交通安全具有重要意义。

目录

1

绪论

1.1 研究背景

随着全球经济一体化的快速发展，海上运输量不断增大，为降低运输成本，船舶日趋大型化。现状下，近海水域通航条件的限制使得超大型船舶无法直接达到港区，例如渤海湾的曹妃甸港区，其进港的超大型船舶需转港减载后方能驶入，这既大幅减少了货物载重量，又增加了运输成本，给华北地区钢铁企业的发展带来不利影响。通航环境的受限不利于我国港口大型化、集成化发展战略的落地实施。因此，开展 40 万吨级船舶安全进出港及靠离泊的研究工作，对于推动船舶大型化、提高港口货物运转量具有十分重要的意义，同时可为解决同类碍航问题提供解决思路和方法，具有重要的科学意义。

由于超大型船舶动量、惯性大，空载时受风面积大，因此在航行和靠离泊过程中，相对于普通船舶而言，超大型船舶的操纵难度和航行风险均较高。我国沿海水域通航条件复杂，船舶流量大，碰撞、搁浅等事故频发，一旦超大型船舶发生事故，会给港口水域的通航环境、生态环境乃至局部区域的经济发展带来较为恶劣的影响。因此，对超大型散货船、油轮、集装箱船及 LNG(液化天然气，Liquefied Natural Gas)船舶等不同船型从进港到靠离泊全过程进行风险的综合评价，特别是对船舶适航时段进行预报，具有很高的工程价值。

本书以船舶大型化所面临的实际问题为导向，提出一种超长航路乘潮水位计算方法，研发了风、浪、流、船舶多维要素耦合的高效高精度数学模型，可精确模拟船舶航行及靠离泊过程，构建了一种船舶从驶入/出航道至离靠泊全过程的综合评价模型，研发了乘潮水位算法和数值模拟方法相耦合的超大型船舶通航安全预报系统，开发了超大型船舶通航安全综合评价与预报平台，指出了超大型船舶操纵与靠离泊的关键，并在天津港太平洋国际集装箱码头、曹妃甸港矿石码头等得到应用。

1.2 国内外研究现状

1.2.1 超大型船舶通航条件研究

为减少工程投资，航道工程设计通常需经技术经济论证，确定合适的乘潮水位，以合理利用当地的潮汐资源，确定相应的航道通航能力，探讨船舶进出港的方式。在一般的航道设计中，航道浅滩治理所依据的水位常采取其附近潮位站资料，采用规范推荐的方法进行推算。当潮汐河口航道较长时，沿程可能有多个潮位站，设计时存在分析哪一个潮位站更能代表需乘潮航道潮汐特征的问题。

事实上，船舶进(出)河口是一个连续的过程(通过航速体现)，潮汐本身也有一个自外海向口内传播的过程(以潮高呈现)，船舶航行与潮波传播这两者以时间为纽带，船舶行进时沿程所遇到的潮高因潮汛、潮时及航速等的不同而不同，其行进过程中遭遇沿程浅滩潮高的保证率与浅滩附近潮位设单站控制的情形是完全不一样的。

徐元针对潮汐河口长航道乘潮计算的潮位资料代表性问题，提出了潮汐河口乘潮水位的多站联合计算法，利用多站同步潮位资料，综合考虑船舶通航方式与潮波传播速度等因素，合理计算乘潮水位。

1.2.2 超大型船舶操纵技术研究现状

1.2.2.1 超大型船舶操纵特点

超大型船舶的操纵特点是惯性大、舵效差，受风、流和水深的影响突出，操纵超大型船舶与在相同海域航行的小型船舶相比有很大的不同，具体表现总结如下。

(1) 舵效差，反应迟钝，甚至在 3～4 节①船速时已无舵效。

(2) 保向性能差，在风浪中航行时因船宽与侧面积的比值较大，易产生偏航。

(3) 起动、停车惯性大，呈现出变速操纵滞后性较为明显的特点，停船性能较差。

(4) 转向惯性大，故应早施舵、早回舵，施大压舵角。

(5) 浅水、狭水道等受限水域中附加质量增加，产生的效应更为明显：阻力增大，船速下降；舵力产生变化，旋回性变差。

(6) 超大型船舶质量大，其冲程和冲时均长，紧急停船性能下降(停车惯性大)一般至余速 5 节时的冲程达 23 倍船长，4 节时的冲程为 18 倍船长，3 节时的冲程达 14 倍船长以上，冲时可接近半小时。

(7) 旋回降速方面，对于超大型油轮，方形系数越大则速度下降越大，肥胖型的大型船降速较大，可达初速的 40%～50%。

(8) 旋回时间增长，船舶旋回时间随船速的提高而缩短，随排水量的增大而加长；万吨级快速船的旋回时间约为 6 分钟，大型船舶则需增加一倍的时间。

(9) 关于旋回中的横倾角，一般货船为 3°～5°，大型船舶因复原力矩大，故横倾角很小。

1.2.2.2 船舶操纵技术研究现状

国内比较早的、有代表性的是上海船舶运输科学研究所和大连海事大学的

---

① 节，船速单位，单位符号为 kn，1 kn≈1.852 km/h。

船舶操纵模拟器，它们的核心都是船舶操纵运动数学模型。

在国外，船舶操纵运动数学模型领域存在两大流派，分别是以 Abkowitz 为代表的整体型结构模型和日本拖曳水池委员会提出的分离型结构模型，即 MMG(Maneuvering Modeling Group)模型。前者将船体、螺旋桨、舵作为一个整体进行研究，缺点是许多流体动力导数物理意义不明显，不能合理地说明船模和实船的相关问题，很难把一艘船的实验结果应用于另一艘船，实验耗费巨大。MMG 模型中的各项有明确的物理意义，可以比较简单合理地表达出作用在船体上的流体动力和螺旋桨、舵的作用以及船、桨、舵之间的干扰作用，便于开展试验求得数学模型中的各项系数。平野雅祥、渡边惠弘等人利用这些结果提出了预报操纵性的方法，鉴于在低速、浅水域中操纵船舶的重要性和 MMG 模型在该条件下的不足，日本成立了低速、浅水域操纵运动数学模型研究专门委员会(MSS)，对低速、浅水域及其限制条件下的操纵性能进行了卓有成效的研究，提出了不少操纵模型及其对应参数的计算方法。

在 MMG 和 MSS 的研究基础上，我国许多学者也投入到船舶操纵运动数学模型的研究中去，并取得了丰硕的成果。洪碧光在总结大量试验数据的基础上回归出计算风压力的公式。杨盐生、方祥麟根据机翼理论，提出了不均匀流下的船舶操纵运动数学模型。孔祥军等建立了一种基于神经网络的系统辨识模型用于线性船舶操纵运动方程的水动力导数估算。高孝日等通过对倒车螺旋桨状态的分析，提出一种计算螺旋桨横向力的理论方法，类比进车时排出流对舵的影响，推导出倒车时排出流的计算公式，同时对斜流横向力的系数进行了修正。王化明等建立了双桨双舵船舶在静水水平面上的操纵运动模拟模型。董国祥等给出了一种新的风力和风力矩数学模型并预报了船舶在风作用下的操纵运动，提出了估算浅水中船体水动力的新方法，预报了船舶在浅水中的操纵性能，并且研究了边界元理论在船体水动力计算中的应用。

前面所介绍的大多是采用 3 个自由度的平面运动数学模型，实际上船舶运动包含 6 个自由度，即除了要考虑首摇、纵荡和横荡外，还要考虑垂荡、纵摇和横摇。在平静的海面进行操纵时，纵摇和垂荡较小，可以忽略，对于一般商船来说，横摇也较小，因此在进行仿真计算时利用三自由度船舶操纵运动数学模型是可以满足实际要求的。但是对于集装箱船、滚装船等而言，由于船舶重心都比较高，运动中的横倾角比较大，因此必须考虑包括横摇在内的四自由度船舶操纵运动数学模型。王化一采用 MMG 思想建立了一个较为全面的包含横摇在内的大型集装箱四自由度船舶操纵运动数学模型，并在模型中加入了拖轮力计算模型，利用 MATLAB 软件对拖轮拖带下的大型集装箱港内操纵进行了模拟仿真。徐东星等利用 MMG 思想,结合双桨双舵的水动力性能特点,对 26 万 m^3 LNG 船舶建立了四自由度运动数学模型。魏云雨等为研究锚泊安全问题,即走锚和搁浅,运用流体力学和船舶运动学理论,在锚泊船平面运动方程的基础上,建立了 5 个自由度的锚泊运动数学模型,该锚泊运动数学模型包含纵荡、横荡、垂荡、首摇、纵摇运动,并且考虑了各运动之间的耦合关系。李子富等研究了船舶在波浪中纵摇与升沉运动的数学模型,为开发 6 个自由度的船舶操纵运动数学模型打下了基础。长期以来,大部分学者在研究六自由度数学模型时,一直将操纵运动和摇荡运动分开建模分析,相关研究成果不能真实表现船舶的实时运动状态。在研究操纵运动时,通常假设船舶在静水条件下航行,通过操控方向舵使船舶运动来研究其响应特性;在研究摇荡运动时,通常假设船舶在风浪中直线匀速运动,研究船舶对风浪的响应性能。但在实际航行过程中,静水环境和匀速直线运动难以保证,因此将操纵运动和摇荡运动分开研究具有局限性。

采用船舶操纵数学模型进行港口航道设计论证已经得到了广泛应用,其应用范围可涵盖船舶操纵风险分析、航道规划设计方案的选优、进港航道的选线、所需拖轮数量的确定、最佳航道宽度的优化、助航设施的合理布置、合适的港池口门宽度的确定、回转水域大小的确定、适宜的航道水深的确定。目前,对于一般船舶的操纵性能模拟通常采用三自由度运动数学模型,对于 LNG、集装箱船则广泛采用四自由度运动数学模型。六自由度运动数学模型的船舶运动模拟在工程应用中较为少见。

1.2.3 通航安全评价方法研究现状

随着水上航运事业的发展,通航安全问题得到越来越多的关注,国内外诸多专家、学者针对水上安全评价做了大量工作,研究范围从内河航道到近岸沿海,从航道码头到桥区通航;研究方法从单纯以经验判断为主的定性评价,逐步演变为可用数值关系表达的定量评价。

安全评价起初是应用于英美等国家的保险、金融、财务等行业,英国的 A. N. Cockcroft、M. J. Barlatt 和日本的藤井等水上交通领域的专家学者将安全评价引入水上交通工程行业。20 世纪 90 年代,英国海事安全局在国际海事组织(IMO)海上安全委员会(MSC)第 62 届会议上正式提出将综合安全评估(FSA)应用于海上航行安全评价领域。同时,美国针对当时落后的事故后评价机制,提出海上航行安全综合评价的规划,该种评价法引入人、船、机之间的相互影响作用,把一些模糊的影响因素通过统计分析的方法具体化,具有一定的预见性,将事后处理转变为事前预防,使管理者掌握主动权。2001 年,MSC 74 届会议正式通过《在 IMO 规则制定过程中使用综合安全评估(FSA)指南》,为国际海运安全评价提供了科学工具。FSA 已逐步成为安全评价的一种新模式,其中风险分析和评估为 FSA 最重要的步骤之一。

日本在船舶通航安全风险评价领域的研究较多。日本海上交通工程专家、学者使用海上交通流模拟、操船仿真模拟的方法,在航行环境安全评价方面取得了较大的成绩。新井康夫在《航行安全评价中的自然环境条件的影响》一文中对操船能力的自然环境要素提出了量化的影响,并验证了这些指标与操船者操船主观感觉的关系,为客观判断各要素对航行安全的影响并采取对策改善航行环境提供了依据。

相较于国外,我国在水上通航安全风险评价方面的研究起步较晚,在研究的深度、广度等方面,与日本、西欧还存在一定的差距。针对此情况,国内诸多科研人员投入大量人力物力潜心钻研,取得了较丰硕的科研成果。

吴兆麟以规定水域某一时间段内来往船舶发生交通事故的数量与同期船舶活动数量的比值作为评价通航安全状况的指标,最早提出了“安全指数法”的评价方法,并得到了推广应用;邵哲平等应用模糊推理系统(FIS)对自然环境、航行条件等影响因素分别进行评价,然后以此为基础建立基于自适应网格的模糊推理系统;郑中义等利用灰色统计评估和灰色聚类评估系统理论指标定权的方法,对选取的影响因子进行量化评价,从而实现定量分析操船环境的风险度。梁锡和肖亮希采用模糊综合评价的方法实现对桥区水域这一特定水域通航环境的安全评价,建立了内河大桥水域通航环境危险度评价指标体系。谭啸将粗糙集理论和可拓理论结合起来,利用粗糙集理论做指标筛选和确定权重,通过可拓理论对数据进行离散化,找到对油码头影响严重的因素,进而构建了安全等级评级体系。赵磊和张大恒以指定水域内近年来海上事故统计数据为依据,首先应用系统安全分析的方法对该海域船舶通航环境的安全性进行定性分析,然后构建指标体系进行分层研究,最后运用层次分析评价法和证据理论评价法对特定港区通航安全进行综合计算,并验证了定性计算的合理性。张大恒还在此基础上进行软件编程及开发,使评价系统具备可操作性。

超大型船舶因其迅猛的发展势头和尺度、操纵性能方面的特殊性,越来越受到学者的关注。需要针对超大型船舶自身特性并结合其航行的具体海域的影响要素,综合评价超大型船舶的航行风险,在力求保证其自身航行安全和航行水域安全的同时,发现潜在风险,使水域环境与船型协调同步发展。不过,目前现有的关于超大型船舶的研究成果中,航行风险这一方向的专题研究尚不多见,国内外研究重点均集中在超大型船舶的运营经济性、极地航线开发、市场份额和运价设定、船体强度及操纵性能、靠离码头及狭水道航行操纵注意事项、船体设计及船型优化、经济航速及尾气排放环保程度等方面。

综上可知，目前针对通航风险评价，研究手段较多，探索途径多样，处理方法多处于探索阶段，其中应用得比较多的是模糊评价法以及基于此的拓展研究。另外，针对超大型船舶通航风险的研究较少。

1.3 总体思路及技术路线

本书从超大型船舶通航环境研究出发，坚持实测资料分析、理论分析、数值模拟与船舶仿真模拟操作、系统架构相结合的技术路线，通过理论创新、技术创新和工程应用三大环节，最终实现项目研究的总体目标。

1.4 主要研究内容及创新工作

(1) 揭示了超长航道潮流传播随船舶行进的发展规律，提出一种超长航路乘潮水位计算方法。

以渤海湾为例，根据超长航道上潮波传播规律和特性，基于多站联合计算的思路，提出 40 万吨超大型船舶超长航路乘潮水位计算方法，解决了超大型船舶长距离适航水深不足的问题，研究成果在同类问题中具有普遍适用性。

本项研究改进了 ADCIRC 数学模型，优化了 Samagorinsky 亚网格尺度模型的涡黏系数取值，构建了渤海湾全域范围的二维潮流数学模拟平台，创建了 40 万吨超大型船舶超长航路乘潮水位计算方法，攻克了超长浅水区(141 km)船舶乘潮航行的技术难题。

根据研究海域航路的特殊自然条件状况、船舶交通流大的特点、超大型船舶实际航行航路和 40 万吨散货船舶的操纵特性，本书进一步研究了渤海海域 40 万吨散货船乘潮与超长航路、浅水区的通航适应性以及 40 万吨散货船舶进出渤海水域运输经济性，从保障乘潮水位、靠离泊限制条件及拖轮配置、水文测量、应急预案等多方面建立了安全保障体系。

(2) 构建了一种乘潮水位算法和数值模拟方法相耦合的超大型船舶通航安全预测模型，研发出超大型船舶通航安全综合评价与预报平台。

受多重因素影响，海洋环境复杂多变，特别是在不良天气条件下，通航环境变得尤为复杂，给船舶航行带来巨大的威胁和挑战，频发的水上交通事故不仅给船方带来生命和财产损失，同时也会对水域生态环境造成不可逆转的破坏。如何提前预判水上交通环境优劣，做到防患于未然，目前仍是业内各方面关注的焦点问题。

本书将提出的超长航路乘潮水位计算方法与研究海域的全域多要素数学模型进行耦合，对航道上潮汐数据进行推算预报，同时采集未来既定日期内天气、降雨等预报数据，搭建超大型船舶适航时段预报模型。模型可对预报日期的通航环境进行综合预判，为船舶进出港时机决策提供技术支撑。

本书将超大型船舶通航安全预测模型嵌入全过程动态综合评价模型，开发出超大型船舶通航安全综合评价与预报平台，实现既可对在航船舶的通航状态进行实时的动态评价，又能为即将进(出)港船舶提供到港日/离港日通航环境的预判和预警。该成果提高了超大型船舶通航效率，节约时间成本，实现通航环境综合信息动态感知、通航安全辅助信息一体化集成，为港口管理部门、引航部门、船方提供多层次、全过程、智能化的港口船舶安全综合信息服务，提高通航能力，降低风险，保障通航安全，维护水域生境。

2

超大型船舶通航适应性研究

超大型船舶一般泛指超过10万载重吨的船舶，主力船型为集装箱船、散货船、油船。对超大型船舶的尺度研究需要结合研究目标和船舶航行水域特点综合考虑。同时，由于船舶类型不同，其大型化发展方向和增长幅度也不尽相同，在开展研究时，还需要根据具体情况具体分析，不能一概而论。

本书选渤海湾40万吨散货船为研究对象，针对进港航道长距离水深不足的问题，结合渤海海域船舶交通流的特点和40万吨散货船的船舶特性，分析渤海海域40万吨散货船满载的通航适应性，解决通航水位不足的关键技术难题，并系统地提出通航安全措施及建议，成果可为同类工程项目提供解决方案和技术参考。

2.1 通航环境分析

渤海位于中国海区最北部，深入中国大陆内部，由山东半岛和辽东半岛呈拱形环抱，周围濒依辽宁、河北、山东三省和天津市海岸，东以辽东半岛南端的老铁山西角至山东半岛北端的蓬莱岬连线与黄海分界，为中国内海。东西宽约300 km，南北长约550 km，面积约8万km^2，为中国四大海区中的最小海区。

本章将对渤海海域横贯东西方向习惯航路水域的通航环境进行分析，该水域分别由河北海事局、天津海事局和辽宁海事局管辖。

2.1.1 自然环境

2.1.1.1 风

渤海海区的风具有明显的季风特征，冬季盛行偏北风，以西北风为主，风向稳定，风力较强；夏季盛行偏南风，以东南风为主，风向不太稳定，风力较弱。

冬季风于10月控制渤海海区，至翌年3月开始衰退，盛行期约6个月，冬季盛行偏北风。各海区相对高压位置不一样，风向偏北，程度也不一样，由北到南，风向有由西北向东北顺转的趋势。渤海为西北风，渤海北部的辽东湾多西北偏北风。

渤海的风力特点为北部海域大于南部海域，远海大于沿岸。从季节分布看，冬季风力最大，尤以1月为甚，月平均风力达5级，春季次之，夏季最小，秋季又逐渐增大。渤海海峡及东部沿岸风力较大，西部沿岸则较小。渤海西岸平均风力以春季最大，尤以4月为甚，一般为3级。长兴岛、渤海海峡平均风力以秋末和冬季最大，月平均风力一般为4～5级，春季次之，夏季最小，平均为2～3级。

根据《黄渤海海洋水文气象环境极值分布特征研究》一文，渤海中部测点风速极值分布如表 2.1-1 所示，年极值最大为 24.5 m/s(10 级)，年极值最小为 16.9 m/s(7 级)，年极值平均值为 20.0 m/s(8 级)。

表 2.1-1　渤海中部测点风速年极值表　　单位：m/s

年份	1970 年	1971 年	1972 年	1973 年	1974 年	1975 年	1976 年
年极值	18.7	21.6	21.0	19.8	20.1	18.9	18.3
年份	1977 年	1978 年	1979 年	1980 年	1981 年	1982 年	1983 年
年极值	19.2	18.5	21.2	22.6	18.6	21.2	22.7
年份	1984 年	1985 年	1986 年	1987 年	1988 年	1989 年	1990 年
年极值	17.9	22.3	19.0	19.8	19.5	22.3	21.4
年份	1991 年	1992 年	1993 年	1994 年	1995 年	1996 年	1997 年
年极值	17.3	17.8	22.1	20.0	17.8	16.9	24.5
年份	1998 年	1999 年					
年极值	19.2	18.4					

2.1.1.2　降水

渤海年降水量约为 500 mm，渤海全年降水日数少于 90 天。渤海海区 6—8 月为雨季，尤以 7—8 月降水量最大，一年中有 2～3 次暴雨过程。春秋过渡季节，降水量是秋多于春，降水日数是春多于秋。由冬至秋，夏季风逐渐北上，多稳定性降水。

2.1.1.3　雾及能见度

海雾是影响渤海海区能见度的主要因素。该海区冬季水温较低，沿岸冷水区可以维持到盛夏，当夏季风的暖湿空气逐渐北上时，越过冷水区即产生海雾，这是本海区多雾的原因。

渤海海区雾的突出特点是就地产生的雾与平流雾相结合，海雾的出现一般是北部先于南部，近海先于远海，突然出现，消失也快，有时只需 1～2 分钟即浓雾密布。渤海海区 3—7 月为雾季，海雾开始出现于 3 月，个别年份 2 月也有出现，随后逐渐增多，6 月、7 月最多。渤海年平均雾日为 20～24 天。

2.1.1.4 潮位

航路附近有三个站、五个平台执行潮位监测，分别为曹妃甸港区测点、京唐港区测点、北隍城测点及平台 BZ3-2-2 测点、平台 BZ13-1-1 测点、平台 CFD11-A 测点、平台 PL19-3-6 测点、平台 QHD32-6-2 测点。

1）曹妃甸港区

(1) 基准面换算关系

曹妃甸基准面换算关系如图 2.1-1 所示。

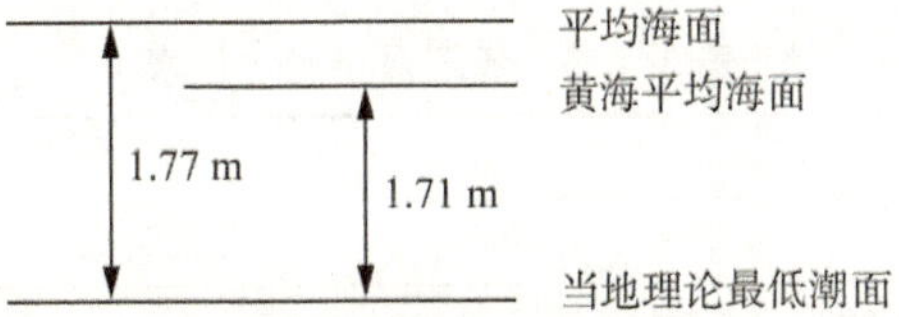

图 2.1-1　曹妃甸基准面换算关系

(2) 潮型

该海区潮汐性质属于不规则半日潮，其$(H_{O1}+H_{K1})/H_{M2}=0.81$。

(3) 潮位特征值

本研究的潮位特征值及水位值均从当地理论最低潮面起算。

年最高高潮位：3.38 m；

年最低低潮位：0.14 m；

年平均高潮位：2.47 m；

年平均低潮位：1.07 m；

平均海平面：1.77 m；

年平均潮差：1.40 m；

年最大潮差：2.74 m。

(4) 设计水位

设计高水位：2.91 m；

设计低水位：0.53 m；

极端高水位：4.46 m；

极端低水位：－1.27 m。

(5) 乘潮水位

表 2.1-2　乘潮水位表

单位：m

乘潮历时	保证率				
	70%	80%	85%	90%	95%
1 h	2.30	2.19	2.13	2.04	1.82
2 h	2.24	2.13	2.07	1.98	1.76
3 h	2.14	2.04	1.98	1.89	1.68
4 h	2.02	1.92	1.86	1.76	1.58

表 2.1-3　冬三月乘潮水位表

单位：m

乘潮历时	保证率					
	70%	75%	80%	85%	90%	95%
1 h	2.05	2.03	1.98	1.88	1.77	1.56
2 h	1.99	1.97	1.91	1.81	1.70	1.51
3 h	1.89	1.85	1.79	1.69	1.53	1.34
4 h	1.74	1.69	1.64	1.49	1.34	1.16

2) 老铁山水道

(1) 基准面换算关系

根据潮汐表，老铁山水道附近取北隍城潮位站资料，其理论最低潮面在平均海平面以下 1.0 m。

(2) 潮型

该海区潮汐性质属于正规半日潮。

(3) 潮位特征值

根据 2015 年潮汐表一年的资料，其潮位特征值如下。

年最高高潮位：2.23 m；

年最低低潮位：−0.22 m；

年平均高潮位：1.66 m；

年平均低潮位：0.36 m；

年平均潮差：1.30 m；

年最大潮差：2.00 m。

3) 航路附近平台测点潮位

(1) 平台 BZ3-2-2 测点

根据平台 BZ3-2-2 测点 2017 年潮汐数据，其潮位特征值如下。

年最高高潮位:1. 79 m;
年最低低潮位:−0. 33 m;
年平均高潮位:1. 31 m;
年平均低潮位:0. 62 m;
年平均潮差:0. 69 m;
年最大潮差:1. 43 m。
注:潮高基准面在平均海面下 98 cm。
(2) 平台 BZ13 - 1 - 1 测点
根据平台 BZ13 - 1 - 1 测点 2017 年潮汐数据,其潮位特征值如下。
年最高高潮位:2. 17 m;
年最低低潮位:0. 20 m;
年平均高潮位:1. 72 m;
年平均低潮位:1. 15 m;
年平均潮差:0. 56 m;
年最大潮差:1. 46 m。
注:潮高基准面在平均海面下 142 cm。
(3) 平台 CFD11 - A 测点
根据平台 CFD11 - A 测点 2017 年潮汐数据,其潮位特征值如下。
年最高高潮位:2. 74 m;
年最低低潮位:0. 12 m;
年平均高潮位:2. 20 m;
年平均低潮位:1. 22 m;
年平均潮差:0. 98 m;
年最大潮差:1. 93 m。
注:潮高基准面在平均海面下 171 cm。
(4) 平台 PL19 - 3 - 6 测点
根据平台 PL19 - 3 - 6 测点 2017 年潮汐数据,其潮位特征值如下。
年最高高潮位:2. 10 m;
年最低低潮位:0. 27 m;
年平均高潮位:1. 23 m;
年平均低潮位:0. 88 m;
年平均潮差:0. 35 m;
年最大潮差:1. 26 m。

注:潮高基准面在平均海面下 107 cm。

(5) 平台 QHD32-6-2 测点

根据平台 QHD32-6-2 测点 2017 年潮汐数据,其潮位特征值如下。

年最高高潮位:1.93 m;

年最低低潮位:−0.31 m;

年平均高潮位:1.51 m;

年平均低潮位:0.78 m;

年平均潮差:0.73 m;

年最大潮差:1.64 m。

注:潮高基准面在平均海面下 114 cm。

2.1.1.5 潮流

外海潮流自老铁山水道进入渤海至曹妃甸航路水域,潮汐性质为半日潮(老铁山水道为正规半日潮,曹妃甸海域为不规则半日潮),根据相关研究结果,得出正规半日潮和不规则半日潮的范围如图 2.1-2 所示。

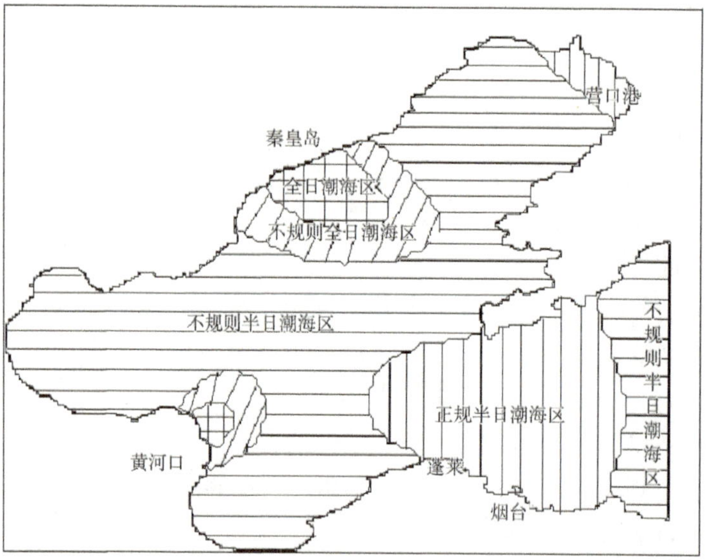

图 2.1-2 渤海潮型分布示意图

渤海存在几个强潮流区和几个弱潮流区,强潮流区分别处在渤海海峡、黄河口至渤海湾中部和辽东湾的东部,弱潮流区分别处在几个湾顶以及秦皇岛外海至莱州湾的带状区域。

涨、落潮流的基本特征：涨潮时刻，海水从渤海海峡北部进入，有一小部分直接从海峡南部流出，其余的流向辽东湾和渤海湾，流速基本上在 0.5 m/s 左右，老铁山水道的流速较大，达到 1.5 m/s 左右；从表层至底层流向一致，流速逐渐减小。落潮时刻，表层流整体上从渤海底部流向渤海海峡，在莱州湾附近流向岸界，流速基本上在 0.5 m/s 左右，沿岸流速较大，尤其在老铁山水道转弯处流速达到 1.5 m/s 左右；中层流和底层流与表层流一致，中层流流速与表层流流速相差不大，底层流流速则稍微小点。

2.1.1.6 波浪

渤海海域的海浪主要受季风控制。总的来说，冬季较大，夏季较小；风浪为主，涌浪次之，波浪的波长和周期较短。1 月，渤海以西北浪为主，其浪向频率约为 30%，也是全年大浪(波高>2 m)频率出现最大值的月份，约为 25%。4 月，为季风转换过渡期，渤海偏南浪增多。7 月，为偏南季风盛行期，渤海以东南浪为主。10 月，季风逐渐转换，渤海出现 30%～40%的偏北浪，整个海区的大浪频率均增加到 20%以上。根据《渤海海域波浪场的数值计算与特征分析》一文，渤海中部 93%以下的波高都在 3 m 以下，月均波高最大约为 1.6 m，一年中一般 2 月份的波高最大，见表 2.1-4 和表 2.1-5。

表 2.1-4 渤海中部历年有效波高在 16 个方向上的出现频率 单位：%

波向	有效波高(m)											合计
	0.0≤0.1	0.1≤0.5	0.5≤1.0	1.5≤2.0	2.0≤2.5	2.5≤3.0	3.0≤3.5	3.5≤4.0	4.0≤4.5	4.5≤5.0	5.0≤5.5	
N	0.01	1.37	1.89	1.33	0.99	0.63	0.37	0.16	0.09	0.01	0.02	6.87
NNE	0.02	1.59	1.87	1.14	0.82	0.62	0.44	0.21	0.17	0.12	0.04	7.08
NE	0.01	1.62	1.63	0.77	0.44	0.23	0.14	0.1	0.07	0.03	0.02	5.08
ENE	0.01	1.24	1.02	0.33	0.1	0.03	0.01	0	0	0	0	2.75
E	0.02	1.06	0.8	0.26	0.07	0.03	0.01	0	0	0	0	2.25
ESE	0.02	1.2	1.06	0.42	0.15	0.05	0	0	0	0	0	2.9
SE	0.01	1.52	1.42	0.67	0.24	0.07	0.01	0	0	0	0	3.93
SSE	0.01	1.84	2.32	1.23	0.63	0.24	0.1	0.03	0.01	0	0	6.41
S	0.01	2.19	3.51	2.62	1.71	0.95	0.55	0.23	0.06	0.01	0	11.83
SSW	0.01	2.15	3.52	2.39	1.71	1.02	0.45	0.13	0.03	0	0	11.4

续表

波向	有效波高(m)											合计
	0.0≤0.1	0.1≤0.5	0.5≤1.0	1.5≤2.0	2.0≤2.5	2.5≤3.0	3.0≤3.5	3.5≤4.0	4.0≤4.5	4.5≤5.0	5.0≤5.5	
SW	0	1.82	2.51	1.53	0.85	0.35	0.09	0.04	0	0	0	7.19
WSW	0.01	1.6	2.07	1.09	0.57	0.2	0.05	0.02	0	0	0	5.61
W	0.02	1.48	1.91	1.2	0.8	0.4	0.16	0.06	0.02	0.01	0	6.05
WNW	0.01	1.29	2.07	1.36	0.94	0.61	0.32	0.15	0.06	0.01	0	6.82
NW	0.01	1.4	1.86	1.32	1.06	0.68	0.4	0.2	0.09	0.03	0.01	7.06
NNW	0.01	1.3	1.84	1.28	0.92	0.65	0.39	0.24	0.08	0.03	0	6.75
合计	0.17	24.66	31.28	18.94	12.01	6.76	3.51	1.59	0.69	0.25	0.09	100

注:表中数据因四舍五入处理而略有出入。

表 2.1-5 代表性站点的多年月平均有效波高 单位:m

月份	站点				
	辽东湾	渤海湾	渤海中部	渤海海峡	莱州湾
1月	0.87	0.96	1.25	1.27	1.10
2月	1.07	1.25	1.58	1.56	1.25
3月	1.00	1.07	1.36	1.27	1.03
4月	1.09	1.29	1.52	1.36	1.13
5月	0.92	1.01	1.17	1.07	0.84
6月	0.64	0.76	0.84	0.74	0.58
7月	0.60	0.69	0.79	0.74	0.60
8月	0.51	0.58	0.67	0.62	0.60
9月	0.60	0.66	0.79	0.76	0.62
10月	0.81	0.79	1.00	0.93	0.79
11月	0.87	1.01	1.30	1.27	1.06
12月	1.00	1.04	1.42	1.44	1.29

整个渤海的大浪,冬季多由寒潮造成,夏季多由台风造成,春季多由气旋波造成。根据《渤海海域波浪场的数值计算与特征分析》一文,渤海海域波高极值见表 2.1-6。

表 2.1-6 有效波高极值表 单位：m

站点	重现期(年)					
	2	5	10	25	50	100
辽东湾	4.18	4.43	4.6	4.81	4.97	5.12
渤海湾	2.93	3.08	3.18	3.3	3.4	3.49
渤海中部	4.45	4.7	4.86	5.07	5.23	5.38
渤海海峡	4.56	4.6	4.62	4.65	4.67	4.69
莱州湾	4.04	4.31	4.49	4.72	4.89	5.06

2.1.1.7 冰况

渤海的海冰主要出现在辽东湾、渤海湾和莱州湾，渤海中部和渤海海峡通常无冰。渤海的冰情分布状况是北部重、南部轻，岸边尤以河口和浅滩处重，深水区和外海轻，整个渤海以辽东湾的冰期最长，冰情也最严重，其次是渤海湾，再次是莱州湾。

2.1.1.8 风暴潮

渤海包括辽东湾、渤海湾、莱州湾，因其半封闭地形且位于中纬度地区，故一年四季均有风暴潮发生，历史上曾多次发生强风暴潮灾害，尤其以由西风带天气系统引起的温带风暴潮最为频繁和严重。渤海属超浅海，当离岸风长时间吹刮海面，较大风暴减水与天文低潮等叠加会引起异常低潮位，将严重影响大型船舶的正常航行和锚泊。

风暴潮减水一般是在 7 级以上偏西向风条件下产生。一般过程如下：受西路空气南下影响，渤海前期为偏北风，渤海北部先开始出现减水，随着高压南下东移，渤海风向为北—西北—西，渤海西部和南部也开始减水，因此渤海西部、西南部的渤海湾和莱州湾会出现较大减水，减水值甚至大于渤海北部。

利用环渤海 9 个沿岸站近 10 年潮位资料统计分析渤海海域的风暴减水特征，结果表明：受天气系统和地形影响，渤海出现 50 cm 和 100 cm 风暴减水的年均天数分别超过 30 d 和 6 d，每年的 9 月至翌年 4 月，风暴减水最为频繁；渤海风暴减水具有范围广、时间长、减水大的特征，海湾内与渤海中央区减水量值差别不大，海湾内的减水值略大于渤海中央区的减水值。

2.1.2 交通环境

2.1.2.1 航道条件及通航规定

(1) 曹妃甸水域船舶定线制

曹妃甸水域船舶定线制和报告制于 2009 年 12 月 1 日正式实施，规定曹妃甸水域船舶定线制由第一分道通航制、第二分道通航制、第三分道通航制和一个警戒区组成，具体见图 2.1-3。

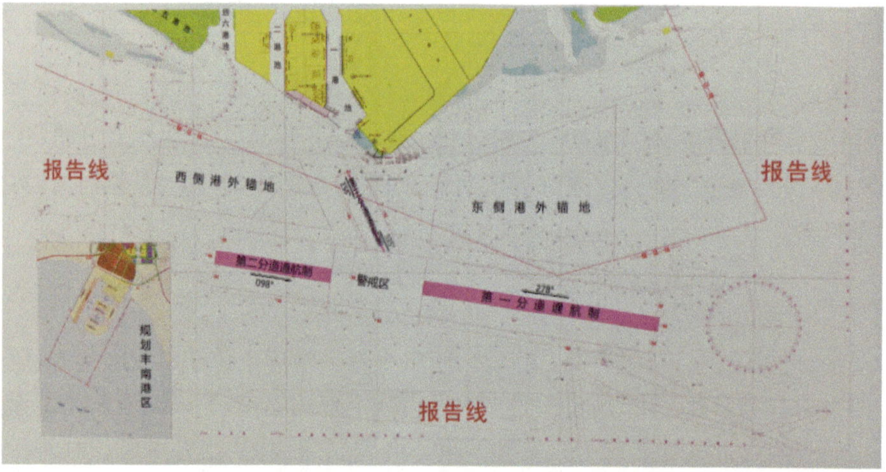

图 2.1-3　曹妃甸水域船舶定线制(2009 年)

(2) 老铁山水域船舶定线制

老铁山水道位于渤海海峡北部，沟通渤海与黄海。老铁山水道是渤海海峡最北部也是最宽的一组水道，水道呈西北—东南方向，长度约 45 km，水道最深处约 83 m，是外海船舶进出中国渤海水域港口的重要通道。2006 年 6 月，中华人民共和国海事局颁布《老铁山水道船舶定线制》和《老铁山水道船舶报告制》，对进出水道船舶实施航运管理。

(3) 习惯航路分析

目前，渤海主要航路包括秦皇岛—老铁山水道、天津—老铁山水道、曹妃甸—老铁山水道、天津—长山水道及营口—老铁山水道(见图 2.1-4)。本书研究的航路为曹妃甸—老铁山水道，船舶经曹妃甸水域船舶定线制第三分道通航制沿航向 098°驶向老铁山水道警戒区。

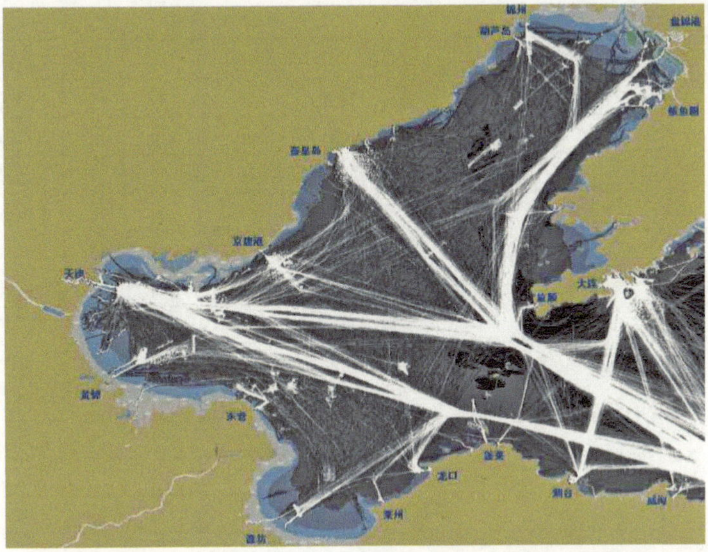

图 2.1-4 渤海海域主要航路船舶轨迹示意图

(4) 规划航路分析

渤海船舶航路规划方案分为深水航路、干线航路、推荐航路和支线航路，具体见表 2.1-7。

表 2.1-7 渤海及以东水域船舶航路规划方案

类型	名称	航路宽度
深水航路	老铁山水道—曹妃甸	1 000 m
	老铁山水道—营口仙人岛	1 000 m
干线双向航路	老铁山水道—天津	6 海里
	老铁山水道—秦皇岛	6 海里
	老铁山水道—渤海湾北部	6 海里
	长山水道—天津(西行，东行)	西行、东行各 3 海里
	成山角—老铁山水道	6 海里
	成山角—长山水道	4 海里
	烟台—大连	3 海里
推荐航路	成山角—大连	—
	老铁山水道—东营	—
支线双向航路	渤海北部—锦州	3 海里
	渤海北部—营口	3 海里
	渤海北部—天津	6 海里/3 海里
	秦皇岛—天津	3 海里

续表

类型	名称	航路宽度
支线双向航路	秦皇岛—莱州	2 海里
	老铁山水道—黄骅港	3 海里
	老铁山水道—京唐港	3 海里
	老铁山水道—烟台港	3 海里
	大连港—老铁山水道	3 海里
	长山水道—黄骅港	3 海里
	长山水道—京唐港	2 海里
	莱州港—长山水道	3 海里
	龙口—长山水道	3 海里
	丹东港—大连港	3 海里
	丹东港—成山角	3 海里
	丹东港—烟台港	3 海里

2.1.2.2 交通状况及事故分析

根据北海救助局及天津海事局、河北海事局、辽宁海事局和山东海事局提供的资料，2006—2012 年，环渤海水域共发生船舶事故 1 484 起。其中，碰撞事故最多，占事故总数的 50%左右；其次是触损事故，约为事故总数的 17%；再次是搁浅事故，约为事故总数的 15%。另外，自沉和火灾爆炸事故也时有发生。

图 2.1-5 为近年渤海水上交通事故分布示意图，从图中可以看出：

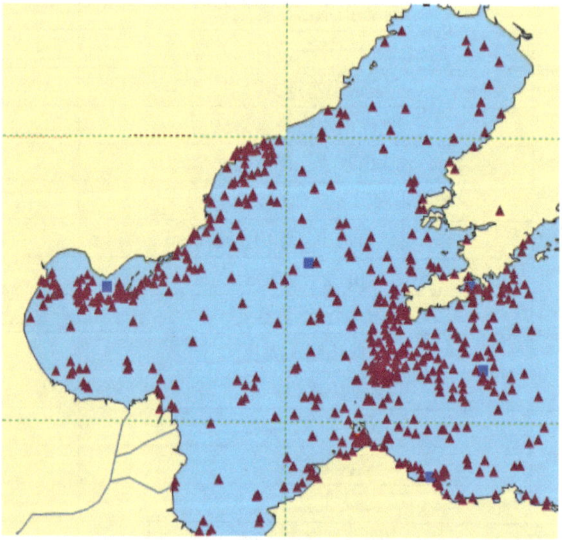

图 2.1-5　近年渤海水上交通事故分布示意图

(1) 天津塘沽至秦皇岛沿线发生的事故较多。

(2) 老铁山水道、长山水道及其附近发生的事故较多。

(3) 天津、大连、烟台等航运较发达港口城市附近水域发生的事故较多。

(4) 渔业活动频繁地区发生的事故较多。

2.2 超大型船舶与航道通航条件的适应性分析

2.2.1 40万吨船舶满载所需航路通航尺度分析

1) 40万吨散货船设计船型尺度

根据《40万吨散货船设计船型尺度及相关设计规定》(中华人民共和国交通运输部2015年2月发布):

总长 L 362 m,型宽 B 65.6 m,型深 H 30.5 m,满载吃水 T 23.0 m。

注:上述船型尺度为实船资料(载重吨DWT上限为403 844 t),供参照使用。

2) 航道水深的要求

(1) 规范性要求分析

根据《海港总体设计规范》(JTS 165—2013)6.4.6条规定,航道通航水深和设计水深计算公式如下:

$$D_0 = T + Z_0 + Z_1 + Z_2 + Z_3 \tag{2-1}$$

$$D = D_0 + Z_4 \tag{2-2}$$

式中:D_0 为航道通航水深(m);D 为航道设计水深(m);T 为设计船型满载吃水(m);Z_0 为船舶航行船体下沉量(m),对于非限制性航道船体下沉量曲线如图2.2-1所示,取航速为10节,航行下沉量为0.9 m;Z_1 为航行时龙骨下最小富裕深度(m),最小富裕深度如表2.2-1所示,根据国家海洋监测中心的研究,本研究区域沉积物为粉砂质砂和黏土质粉砂,故取值为0.8 m;Z_2 为波浪富裕深度(m),取2.3 m(据《渤海海域波浪场的数值计算与特征分析》一文和曹妃甸水域的波浪数模结果综合取值);Z_3 为船舶装载纵倾富裕深度(m),取0.15 m;Z_4 为备淤深度(m),根据规范取0.4 m。

表2.2-2中对满载状态下的40万吨散货船所需航道水域水深进行了计算,Z_0 通过查图2.2-1得,龙骨下最小富裕水深 Z_1 根据表2.2-1求得。

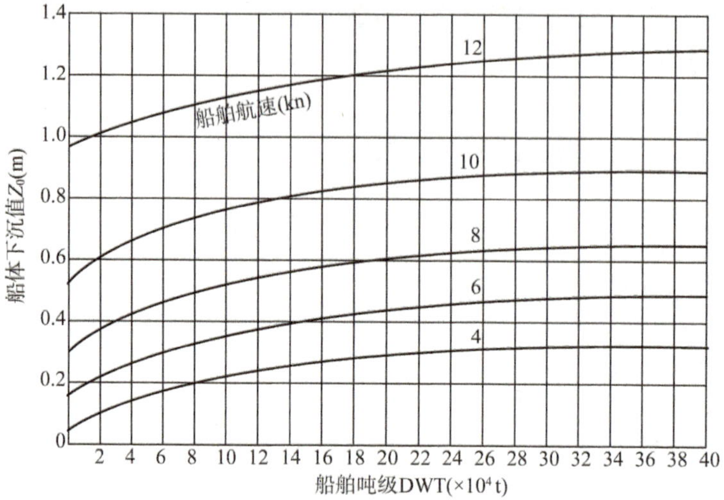

图 2.2-1　船舶航行时船体下沉值曲线

表 2.2-1　航行时龙骨下最小富裕深度 Z_1　　单位:m

土质特性	船舶吨级 DWT≥300 000 t
淤泥土、软塑、可塑性土、松散沙土	0.6
硬塑黏性土、中密砂土	0.7
坚硬黏性土、密实砂土、强风化岩	0.8
风化岩、岩石	0.9

表 2.2-2　论证船型船舶所需航道水域水深

论证船舶	吃水 T(m)	富裕水深(m)					航道水深(m)	
		Z_0	Z_1	Z_2	Z_3	Z_4	计算	采用
40 万吨散货船(满载)	23	0.9(航速取 10 kn)	0.8	2.3	0.15	0.4	27.55	27.6

根据规范计算,满载时的总富裕水深为 4.6 m,为吃水的 20%。同时根据《渤海海域超大型船舶通航安全标准研究技术报告》,超大型船舶吃水富裕水深的控制标准也建议为吃水的 20%,因此在考虑工程措施时,富裕水深按照吃水的 20%计算。

(2) 航路底标高分析

根据计算结果,富裕水深为 4.6 m,需要的航道水深为 27.6 m。根据海图结果,研究区航路最浅水域底标高为−24.5 m,−24.5～−25 m 浅水区长度为 50 km,−24.5～−25.5 m 浅水区长度为 74 km,−24.5～−26 m 浅水区长度为 91 km，－24.5～－27.6 m 浅水区长度为 141 km。因此，共 76 n mile（141 km，见图 2.2-2 中 EF 段）航程不能满足 27.6 m 的要求，航路上平均底标高为－25.3 m。

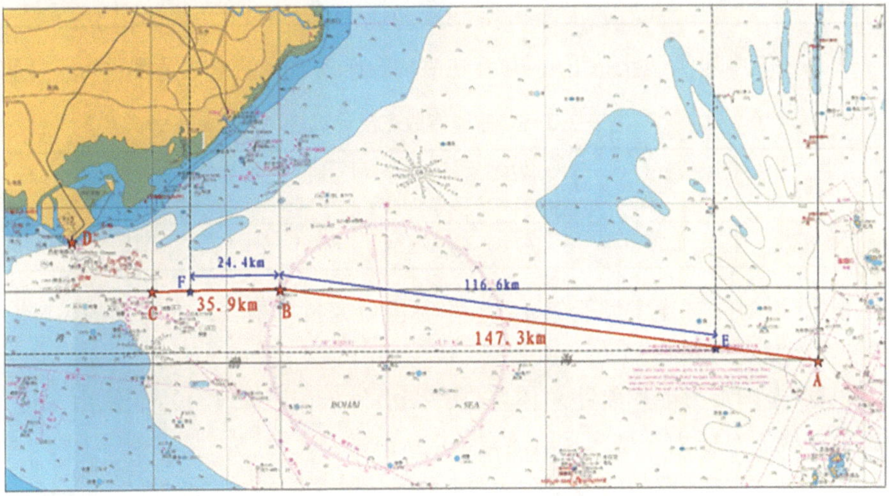

图 2.2-2　航路水深示意图（EF 段所示为水深不足部分）

3）航道宽度的要求

根据《海港总体设计规范》第 6.4.2 条规定：航道通航宽度由航迹带宽度、船舶间富裕宽度和船舶与航道底边间的富裕宽度组成。

单线航道：$W=A+2c$

双线航道：$W=2A+b+2c$

$$A=n(L\sin\gamma+B) \tag{2-3}$$

式中：W 为航道通航宽度（m）；A 为航迹带宽度（m）；n 为船舶漂移倍数，γ 为风、流压偏角（°），n 和 γ 采用表 2.2-3 中的数值；L 为设计船长（m）；B 为设计船宽（m）；b 为船舶间富裕宽度（m）；c 为船舶与航道底边线间的富裕宽度，采用表 2.2-4 中的数值。

表 2.2-3　满载船舶漂移倍数 n 和风、流压偏角 γ 值

风力	横风≤7 级				
横流 V(m/s)	$V\leqslant0.10$	$0.10<V\leqslant0.25$	$0.25<V\leqslant0.50$	$0.50<V\leqslant0.75$	$0.75<V\leqslant1.00$
n	1.81	1.75	1.69	1.59	1.45
γ(°)	3	5	7	10	14

表 2.2-4　船舶与航道底边线间的富裕宽度 c

项目	杂货船或集装箱船		散货船		油船或其他危险品船	
航速(kn)	≤6	>6	≤6	>6	≤6	>6
c(m)	0.50B	0.75B	0.75B	B	B	1.50B

表 2.2-5 中对满载状态下的 40 万吨散货船所需航道的有效宽度进行了计算。

表 2.2-5　航道有效宽度计算表

设计船型	船舶漂移倍数	风、流压偏角(°)	航迹带宽度(m)	船舶与航道底边线间的富裕宽度(m)	航道有效宽度(m)
40 万吨散货船	1.59	10	204.3	65.6	335.5

根据《渤海海域超大型船舶通航安全标准研究技术报告》，在不同的风、流条件下，航路宽度为 350～1 082 m 不等。

根据《全国沿海船舶航路总体规划》(交海发〔2011〕666 号)，老铁山水道至曹妃甸定线制水域大 6 型深水航路宽 1 000 m。

综合以上分析，取航路宽度为 1 000 m。

2.2.2　乘潮水位多站联合计算方法研究

2.2.2.1　研究思路

在一般的航道乘潮水位设计中，所依据的水位常采取其附近潮位站资料，采用规范推荐的方法进行推算。

事实上，船舶进(出)航道是一个连续的过程(以航速体现)，潮汐本身也有一个自外海向口内传播的过程(以潮高呈现)，船舶航行与潮波传播两者以时间为联系，船舶行进时沿程所遇到的潮高因潮汛、潮时及航速等的不同而不同，其行进过程中遭遇沿程浅滩潮高的保证率与浅滩附近潮位设单站控制的情形是完全不一样的。

在单站控制计算乘潮水位时，首先根据浅滩的长度和设定船舶航速确定乘潮历时，然后对每个实测潮过程获取可乘的水位。考虑到潮波传播速度与航速(如 10 kn)在量级上接近，当航道足够长时，两者的相对运动已不能忽视，并且在长航道上沿程潮差也不同。如前文所述，实际船舶航行过程中所遇潮高是不一致的，且进(出)河口由于船舶航行与潮波传播方向相同或相反，同样的乘潮历时其进(出)河口所遇潮高也是完全不同的。

以设定航速(如 10 kn)，按合适的时间间隔(如 3～10 min)放行船舶，可以取得在每个航行过程中船舶到达不同位置的潮高。对于每个潮过程，计算从起始的潮位站的潮谷时刻开始，截止时间是船舶航行至最末的潮位站时恰为潮谷的时刻。根据不断取得的相对于船舶的潮高过程，结合航道沿程水深情况或设计水深要求，必能从每个潮过程中找到某时刻出发的船舶潮位利用"最优"，从而取得相应的"最优乘潮水位"。

可以设想，上述相对于船舶的潮过程形态仍基本类似固定站点的潮位过程，但有所变形，即当从口外向口内航行时，潮过程被"放缓"，而当从口内向口外航行时，潮过程被"压缩"。因实测潮位资料除潮峰、潮谷外，常以整点潮位形式记录，所以有必要以合适的时间间隔(如 3 min)进行插值。通过以上方法计算得到一系列与自然潮过程一一对应的"最优乘潮水位"资料，可采用与单站控制计算乘潮水位相同的方法，根据航道通航需求，确定乘潮保证率，计算相应的乘潮水位。

2.2.2.2 计算公式

潮位数学模型采用了比较流行的 ADCIRC 模型，ADCIRC 模型由美国北卡罗来纳大学 Luettich 教授和美国圣母大学 Westerink 教授联合开发，可以应用于海洋、海岸、河口区域的二维水动力计算，在处理潮流动边界、复杂工程建筑物(包括潜堤)边界等方面具有强大的功能，迄今已在国际上许多工程项目研究中得到广泛应用。

ADCIRC 模型控制方程的原始形式为：

$$\frac{\partial \zeta}{\partial t}+\frac{\partial UH}{\partial x}+\frac{\partial VH}{\partial y}=0 \tag{2-4}$$

$$\frac{\partial U}{\partial t}+U\frac{\partial U}{\partial x}+V\frac{\partial U}{\partial y}-fV=-\frac{\partial}{\partial x}\left[\frac{p_\zeta}{\rho_0}+g\zeta-g(\eta+\gamma)\right]+\frac{\tau_{\zeta x}}{\rho_0 H}-\frac{\tau_{bx}}{\rho_0 H}+D_x-B_x \tag{2-5}$$

$$\frac{\partial V}{\partial t}+U\frac{\partial V}{\partial x}+V\frac{\partial V}{\partial y}-fU=-\frac{\partial}{\partial y}\left[\frac{p_\zeta}{\rho_0}+g\zeta-g(\eta+\gamma)\right]+\frac{\tau_{\zeta y}}{\rho_0 H}-\frac{\tau_{by}}{\rho_0 H}+D_y-B_y \tag{2-6}$$

式中：x 为横轴坐标；y 为纵轴坐标；t 为时间；U 和 V 分别为沿 x 和 y 方向的深度平均流速；ζ 为平均水面之上的高度；H 为总水深；f 为柯氏力系数；p_ζ 为表面大气压；ρ_0 为水密度；$\tau_{\zeta x}$ 与 $\tau_{\zeta y}$ 为表面切应力(如风应力)；τ_{bx} 与 τ_{by} 为底部摩擦力；D_x 与 D_y 为扩散项；B_x 与 B_y 为斜压梯度项；$(\eta+\gamma)$表示牛顿潮势、地球潮等作用；g 为重力加速度。一些项的具体表达式如下：

$$B_x = \frac{g}{H}\int_{-h}^{\zeta}\left[\frac{\partial}{\partial x}\int_{z}^{\zeta}\left(\frac{\rho-\rho_0}{\rho_0}\right)\mathrm{d}z\right]\mathrm{d}z = g\left[\left(\frac{\overline{\rho-\rho_0}}{\rho_0}\right)\frac{\partial\zeta}{\partial x}+\frac{H}{2}\frac{\partial}{\partial x}\left(\frac{\overline{\rho-\rho_0}}{\rho_0}\right)\right] \tag{2-7}$$

$$B_y = \frac{g}{H}\int_{-h}^{\zeta}\left[\frac{\partial}{\partial y}\int_{z}^{\zeta}\left(\frac{\rho-\rho_0}{\rho_0}\right)\mathrm{d}z\right]\mathrm{d}z = g\left[\left(\frac{\overline{\rho-\rho_0}}{\rho_0}\right)\frac{\partial\zeta}{\partial y}+\frac{H}{2}\frac{\partial}{\partial y}\left(\frac{\overline{\rho-\rho_0}}{\rho_0}\right)\right] \tag{2-8}$$

$$D_x = \frac{E_h}{H}\left(\frac{\partial^2 UH}{\partial x^2}+\frac{\partial^2 UH}{\partial y^2}\right) \tag{2-9}$$

$$D_y = \frac{E_h}{H}\left(\frac{\partial^2 VH}{\partial x^2}+\frac{\partial^2 VH}{\partial y^2}\right) \tag{2-10}$$

$$\tau_{bx} = U\tau_*, \tau_{by} = V\tau_*, \tau_* = \frac{C_f(U^2+V^2)^{1/2}}{H} \tag{2-11}$$

为了避免或者是减少伽辽金有限元离散出现的数值问题，如振荡、不守恒性等，ADCIRC 模型将原来的连续性方程进行一些处理，采用了通用波动连续性方程(Generalized Wave Continuity Equation, GWCE)：

$$\frac{\partial^2\zeta}{\partial t^2}+\tau_0\frac{\partial\zeta}{\partial t}+\frac{\partial A_x}{\partial x}+\frac{\partial A_y}{\partial y}-UH\frac{\partial\tau_0}{\partial x}-VH\frac{\partial\tau_0}{\partial y}=0 \tag{2-12}$$

其中，

$$A_x = U\frac{\partial H}{\partial t}+H\left\{-U\frac{\partial U}{\partial x}-V\frac{\partial U}{\partial y}+fV-\frac{\partial}{\partial x}\left[\frac{p_\zeta}{\rho_0}+g\zeta-g(\eta+\gamma)\right]+\frac{\tau_{\zeta x}}{\rho_0 H}-\frac{\tau_{bx}}{\rho_0 H}+D_x-B_x+\tau_0 U\right\} \tag{2-13}$$

$$A_y = V\frac{\partial H}{\partial t}+H\left\{-U\frac{\partial V}{\partial x}-V\frac{\partial V}{\partial y}-fU-\frac{\partial}{\partial y}\left[\frac{p_\zeta}{\rho_0}+g\zeta-g(\eta+\gamma)\right]+\frac{\tau_{\zeta y}}{\rho_0 H}-\frac{\tau_{by}}{\rho_0 H}+D_y-B_y+\tau_0 V\right\} \tag{2-14}$$

ADCIRC 模型将通用波动连续性方程(GWCE)与动量守恒方程一起作为控制方程求解浅水流动。上述方程采用有限元法和差分法相结合的办法来求解。在空间上采用有限元法，以适应复杂的边界条件；在时间上采用差分法，以提高计算速度。

在原始的 ADCIRC 模型中，水平涡黏系数采用常数，为了更好地描述曹妃甸港区海域工程建筑物对周围水体紊动的影响和网格局部加密引起网格尺寸在整个计算区域变化加大的影响，本书的计算中对涡黏系数的取值进行了改进，采用 Samagorinsky 亚网格尺度模型来计算水平涡黏系数，即涡黏系数取为：

$$A_M = c\Delta x\Delta y\left[\left(\frac{\partial u}{\partial x}\right)^2 + \frac{1}{2}\left(\frac{\partial v}{\partial x} + \frac{\partial u}{\partial y}\right)^2 + \left(\frac{\partial v}{\partial y}\right)^2\right]^{\frac{1}{2}} \tag{2-15}$$

2.2.2.3　模型建立及验证

本研究计算范围为渤海大区域，地形资料取自 1∶25 万海图的渤海地形（1999 年）和 1∶15 万海图的渤海湾地形（2010 年）。在计算渤海二维潮流时，为了更准确地逼近实际潮位，模型的开边界为大连与烟台的连线。

将渤海湾潮流计算结果与同步水位变化过程实测资料进行验证，计算结果与实测值均有较好的一致性。另外，上述模型在京唐港海域、天津港海域、曹妃甸海域、汉沽海域的潮流计算中都得到了较好的验证（图 2.2-3 与图 2.2-4）。

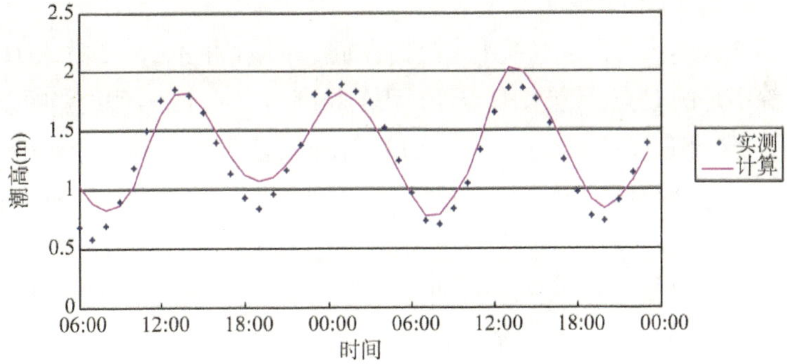

图 2.2-3　京唐港潮位站验证结果

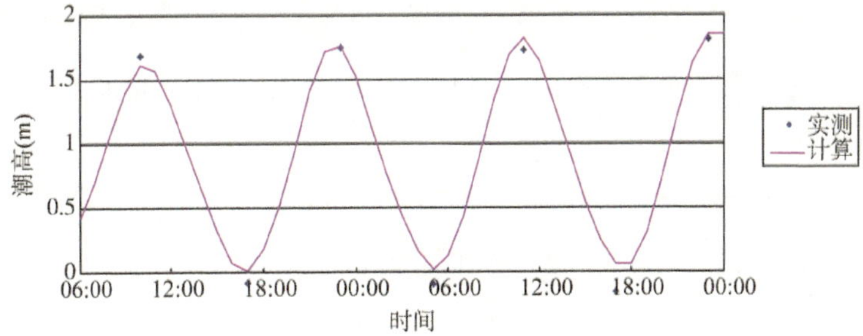

图 2.2-4　北隍城岛潮位站验证结果

2.2.2.4　计算结果分析

1）潮型特征分析

自老铁山水道进入渤海至曹妃甸航路水域，潮汐性质为半日潮（老铁山水道为正规半日潮，曹妃甸海域为不规则半日潮)。

2) 潮峰传播特征

自老铁山水道进入渤海至曹妃甸航路水域，潮波的传播方向为从老铁山水道传向曹妃甸水域。潮波的传播速度一般可通过沿程相邻站点间的距离，以及站点间潮峰和潮谷出现的时间差来分析计算，考虑到船舶乘潮通航主要为乘高潮，因而主要分析潮峰的传播速度。根据 2015 年潮汐表资料，北隍城站与曹妃甸港站潮峰的传播时间差最大为 5.6 h，最小为 0.7 h，平均时差为 4.2 h，两站之间潮波的传播速度为 52 km/h。根据 2015 年相关数据，图 2.2-2 中 D 点和 E 点潮峰的传播时间差最大为 5 h，最小为 2 h，平均时差为 3.5 h，两点之间潮波的传播速度为 40 km/h。

3) 进港乘潮水位计算

船舶沿潮波传播方向从老铁山水道到曹妃甸水域，如图 2.2-2 中 AD 航道段，该段包括水深不足的 E 点、B 点及 F 点，EF 段的长度为 76 n mile，假设船舶以 10 kn 的航速航行，则经过 EF 段的航行时间为 7.6 h，取通过浅段的乘潮时间为 8 h。

假设从 E 点的潮谷开始计算，按照时间间隔 Δt(取 3 min)，有一艘船从 E 发出，依次经过 B 点到达 F 点完成一个船舶航行过程，得到第 i 艘次船舶通过第 n 个虚拟潮位站的潮位值 $h(i,n)$，如图 2.2-5 所示。需要说明的是，图中仅列出了 E、F 潮过程(粗线)和船舶所遭遇的潮位过程(细线，“最优”者也标为粗线)，同时为了使乘潮过程线比较清晰，与实际计算时不同，图中的时间间隔 Δt 取得较大。船舶乘潮通过航道要满足的水深、潮位关系式为：

$$D_0 \leqslant H + h \tag{2-16}$$

式中：D_0 为航道通航水深；H 为航道相对于理论最低潮面的水深；h 为相对于理论最低潮面的乘潮水位。

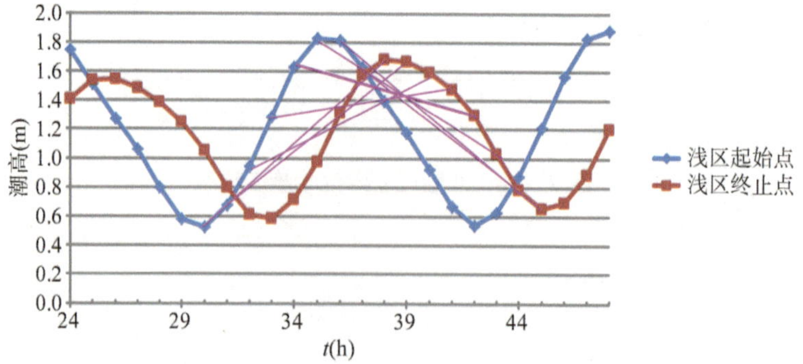

图 2.2-5　船舶进港乘潮过程线示意图

对于一个潮过程,假设从 E 点潮谷开始每 Δt 时间发出一艘船,直至从 E 点出发的船到 F 点时正好(或邻近)到达潮谷,共计有 I 个与航次对应的乘潮过程。当航道沿程乘潮要求相同时,为保证第 i 艘船安全通过整段航道,该时刻出发的船舶可利用的水位 $h_0(i)$ 为船舶途经第 n 个虚拟潮位站时的潮位最小值,即

$$h_0(i)=\min[h(i,n)],n=1,2,3,\cdots,N \tag{2-17}$$

上述 I 个航次过程中必存在某时刻出发的潮位利用最大(h_m),该乘潮过程被称为“最优”,其计算表达式如下:

$$h_m=\max[h_0(i)],i=1,2,3,\cdots,I \tag{2-18}$$

至此得到一一对应于单个潮过程的乘潮水位 h_m。可参照《海港水文规范》(JTS 145—2—2013)中推荐的乘潮水位计算方法,对全年或多年每个潮过程的乘潮水位 h_m 按从大到小的顺序进行排序,求得不同乘潮累积频率对应的乘潮水位。

经计算,进港过程 90%保证率 8 h 乘潮水位值为 1.0 m。

4) 出港乘潮水位计算

船舶出港时,船舶航行方向与潮波传播方向相反。出港乘潮水位的计算方法与进港类似,首先计算单个潮过程的最优乘潮水位 h_m,然后对所有潮过程的最优乘潮水位 h_m 进行累积频率统计,从而得到不同累积频率对应的乘潮水位。与进港情况所不同的是,对于一个潮过程,出港在推求每个潮过程最优乘潮水位 h_0 时,乘潮过程线从 D 点开始,依次通过 C、B、A 点(图 2.2-2)。即假设从 D 点高潮前某时刻开始每 Δt 时间发出一艘船,直至从 D 点出发的船到 A 点时正好(或邻近)到达潮谷。具体计算方法不再赘述。经计算,出港过程 90%保证率 8 h 乘潮水位值为 0.2 m(见图 2.2-6)。

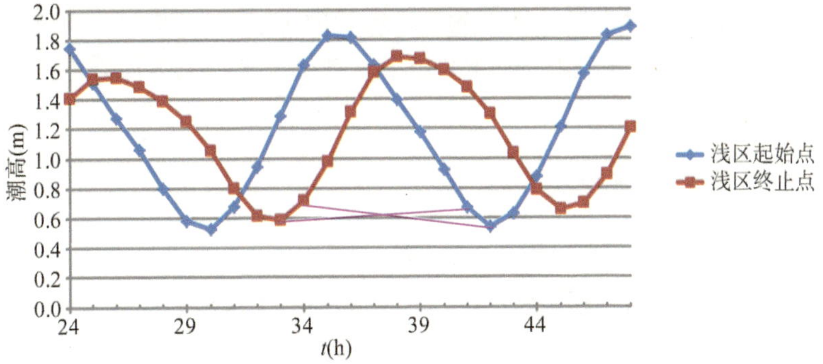

图 2.2-6　船舶出港乘潮过程线示意图

2.2.2.5 计算结果的优越性

在单站控制计算乘潮水位时，对每个实测潮过程获取 8 h 可乘的水位，对可乘的水位进行保证率分析，取 90%的保证率，计算浅滩起始点的乘潮水位为 0.6 m，浅区终止点的乘潮水位为 0.7 m。经比较，无论是起始点还是终止点，都大于多站联合计算的出港过程乘潮水位 0.2 m，小于多站联合计算的进港过程乘潮水位 1.0 m。

在航路最浅为−24.5 m、不同航速条件、不同风浪条件下，规划航路上船舶允许最大吃水计算见表 2.2-6。在不考虑乘潮的条件下，最大吃水为 21.4 m；在考虑乘潮的条件下，进港船舶的最大吃水为 22.0 m。考虑到满载吃水 23.0 m，此时装载量为 30 万 t，据相关资料，40 万吨船舶 TPC(每厘米吃水吨数)为 210 t/cm，此时 22.0 m 吃水条件下的装载量为 37.9 万吨。

表 2.2-6 规划航路船舶允许最大吃水计算表 单位：m

Z_0	Z_1	Z_2	Z_3	Z_4	富裕水深	乘潮水位	最大吃水
0.9(航速 10 kn)	0.8	2.3	0.15	0.4	4.55	0	20.0
0.5(航速 6 kn)	0.8	2.3	0.15	0.4	4.15	0	20.4
0.9(航速 10 kn)	0.8	1.3(限制波高 2.5 m)	0.15	0.4	3.55	0	21.0
0.5(航速 6 kn)	0.8	1.3(限制波高 2.5 m)	0.15	0.4	3.15(吃水 13%)	0	21.4
0.9(航速 10 kn)	0.8	2.3	0.15	0.4	4.55	1	21.0
0.9(航速 10 kn)	0.8	1.3(限制波高 2.5 m)	0.15	0.4	3.55	1	22.0

根据相关研究，受天气系统(主要是西北向大风)和地形影响，渤海出现 50 cm 和 100 cm 风暴减水的年均天数分别超过 30 d 和 6 d，每年 9 月至翌年 4 月份风暴减水最为频繁。由于大风条件下会产生风暴减水，从而降低可用水深，且大风条件下会产生大浪，增大船舶的富裕水深，因此在 7 级以上大风条件下，不建议采取乘潮航行的方式。

2.2.3 满载进港航路挖深分析

根据计算结果，富裕水深为 4.6 m，需要的航道水深为 27.6 m，根据海图信息，76 n mile(141 km)航程不能满足航行的要求，航路上最浅处底标高为−24.5 m，平均底标高为−25.3 m。乘潮水位取 1.0 m，则最大疏浚深度为 2.1 m，平均疏浚深度为 26.6−25.3=1.3 m，规划航路宽度取 1 000 m，则疏浚量为 1.83 亿 m^3。

2.3 超大型船舶安全保障体系适应性分析

2.3.1 40万吨散货船乘潮进港安全保障存在的问题分析

1）水深资料陈旧

海图水深测量时间为20世纪50年代，资料陈旧且采用的测量基面不详。

2）测图底标高和潮汐测点底标高采用的理论深度基准面可能不同

老铁山水道附近北隍城潮位站理论最低潮面在平均海平面以下1.0 m，曹妃甸测站理论最低潮面在平均海平面以下1.77 m。两个测站的理论深度基准面不同，不能完全代表浅区的理论深度基准面，船舶采用这些基础资料进行乘潮控制时风险很大。

3）现有潮汐测站的观测值不能代表浅区水域的实际潮汐值

渤海航路从老铁山水道至唐山港曹妃甸港区航路的浅区位于渤海中部，现有潮汐表的测站是曹妃甸测站及老铁山水道附近北隍城测站，且潮汐表的数值为预测值，与实际值会存在一定的偏差。

4）候潮锚地缺乏

2.3.2 安全保障措施建议

1）海底地形测量

本书的水深是基于20世纪50年代的海图数据，由于受到冲刷淤积及海平面变化甚至地壳运动的影响，水深会产生变化，建议进行详细的水深测量。

2）研究确定浅区水域理论深度基准面

渤海航路浅区水域缺乏理论最低潮面的基础数据，建议对浅区水域进行1年的验潮观测，确定海域的理论最低潮面，以供地形测量及潮位测量使用。

3）进行多站位的潮汐验潮资料收集

本书的乘潮水位计算基于潮汐表，潮汐表与实际潮位仍有不小的差距，制约了项目的研究精度，建议进行潮汐观测，为船舶乘潮进港提供数据支持。

4）水文测量

建议在冬夏两季开展大小潮潮流、泥沙、波浪测量，为泥沙淤积计算提供依据。

5）建立潮汐、波浪及风的长期测站

为了确保40万吨船舶安全通过渤海海域的浅水区，避免发生搁浅及触底事故，建议利用渤海中部钻井平台设置潮汐测量及风测量设施，并通过一切手段向

40 万吨船舶提供潮汐情况，为 40 万吨船舶乘潮通过浅区提供参考。建议在蓬莱 19－3 平台设置长期潮位测站。

6）锚地设置

由于乘潮航路及时间较长，建议设置锚地以满足候潮及应急要求。

7）靠泊操纵要领

(1) 航速控制。起锚后，宜将船速控制在 5～6 节之内驶向码头，距码头 1 n mile 左右时，航速应降至 3～5 节，距码头 1 000 m 时，航速不宜超过 3 节，此前利用拖轮向后拖滞速，保证大船微速进车以保持舵效。

(2) 横距及流压角控制。流压角不宜超过 5°，横距不小于 1 倍船长。由于 40 万吨矿石船载重吨较大，加速和降速过程所需的时间和距离长，此外受流压的影响比一般型船大得多，转向也比较慢，所以一定要做好提前量，密切关注船舶的航迹向，避免发生危险状况。

(3) 靠泊法向速度及靠拢角度。接触护舷的法向速度≤5 cm/s，接触护舷的纵向速度＜1 cm/s，靠泊角度＜5°。码头边，应避免大船频繁动车，要充分利用拖轮有效控制船舶运动，使大船平行、缓慢且无纵向速度地靠拢码头(尽可能做到零角度、零速度)。

(4) 注意靠拢过程中大船首、尾流压不一致的问题。受护岸及海底地形影响，接近码头前沿时，大船首、尾受流压会不一致。对此，应关注并采取有效措施，变不利为有利。

(5) 风大、流急、能见度差及助泊拖轮不足时，应调整工作计划，不得冒险引航，需及时通知有关各方。

(6) 大船动力性能异常或助泊拖轮故障时，应选择安全水域就地锚泊，或采取最有利于船舶和港口设施安全的措施，待故障隐患消除后方可继续引航。

(7) 指挥拖轮倒车用缆要留有余地，节奏平稳，逐渐加力，防止因冲击负荷过大而断缆。若发生断缆，应立即重新带拖缆。

(8) 向码头靠拢的过程中，需注意大船的船首向，保持大船外舷吃流，使大船被流压向码头，一旦大船内舷吃流，将破坏大船的靠泊趋势，即使使用拖轮也很难调整。

(9) 由于涨潮流流速较大，需注意涨潮流对大船缆绳的影响，与拖轮时刻保持联系畅通，避免断缆等危险情况的发生。

8）应急处理预案

(1) 在引航过程中突发主机系统故障时，应立即要求船长查明原因，尽快修复，并及时报告船舶交通管理(VTS)中心，发布船舶动态，要合理利用拖轮、舵、锚等设施控制船位，避免事故发生，如不能确认主机状况，应终止引航。

（2）在引航过程中突发舵机系统故障时，应立即要求船长改用应急舵，根据当时的船位和船速将船舶行驶至安全水域。如不能确认舵机状况，应终止引航，并报告 VTS 中心。

（3）在引航过程中遭遇突发性恶劣天气时，应终止引航，协助船长驶向安全水域。

（4）在引航过程中发生碰撞、火灾等意外事故时，应立即报告 VTS 中心，并协助船长控制船舶，启动应急部署，与其他相关部门保持联系，力争将损失降至最小。

3

船舶适航时段预报技术研究

3.1 预报方法

受多重因素影响，海洋环境复杂多变，特别是不良天气条件，使得通航环境尤为复杂，给船舶航行带来巨大的威胁和挑战，频发的水上交通事故不仅给船方带来生命危险和财产损失，同时也会对水域生态环境造成不可逆转的破坏。如何提前预判水上交通环境优劣，做到防患于未然，是目前业内各方面关注的焦点问题。

本书采用超长航路乘潮水位多站联合算法(详见 2.2 节)与数值模拟算法相耦合的方法进行乘潮水位推算，筛选出水深适航的时段。首先建立近岸潮流预报模型，然后对潮汐预报数据进行乘潮水位推算，筛选出适航时段。与此同时，采集未来既定日期内风速、降雨等气象预报数据，搭建超大型船舶适航时段预报模型。模型可对预报日期的通航环境情况进行综合预判，为船舶进(出)港时机决策提供技术支撑。

3.2 近岸潮流预报模型

3.2.1 基本思路

(1) 利用二维浅水方程组和 ADI 方法建立研究海域的潮汐数学模型，模拟计算 Q_1、O_1、P_1、K_1、N_2、M_2、S_2、K_2 等八个主要分潮；利用最小二乘调和分析方法分析数值模拟计算结果，获取研究海域各网格点上的 8 个主要分潮的调和常数。

(2) 利用研究海域长期验潮站的 Sa 分潮调和常数和 Kriging 插值法，插值计算 Sa 分潮的空间分布。

(3) 根据《海道测量规范》计算研究海域各网格点上的海图深度基准面。

(4) 利用沿岸长期验潮站的实测资料，检验潮汐数值预报精度。

(5) 利用 Fortran 语言编程实现潮汐数值预报软件的开发。

3.2.2 数值模拟方法

3.2.2.1 基本方程

连续方程：

$$\frac{\partial \zeta}{\partial t}+\frac{\partial}{\partial x}[(\zeta+h)U]+\frac{\partial}{\partial y}[(\zeta+h)V]=0 \tag{3-1}$$

动量方程：

$$\frac{\partial U}{\partial t}+U\frac{\partial U}{\partial x}+V\frac{\partial U}{\partial y}-fV=-g\frac{\partial \zeta}{\partial x}-\frac{\tau_{x,b}}{\rho(\zeta+h)}+A\left(\frac{\partial^2 U}{\partial x^2}+\frac{\partial^2 U}{\partial y^2}\right) \tag{3-2}$$

$$\frac{\partial V}{\partial t}+U\frac{\partial V}{\partial x}+V\frac{\partial V}{\partial y}+fV=-g\frac{\partial \zeta}{\partial y}-\frac{\tau_{y,b}}{\rho(\zeta+h)}+A\left(\frac{\partial^2 V}{\partial x^2}+\frac{\partial^2 V}{\partial y^2}\right) \tag{3-3}$$

式中：t 为时间；x 和 y 为空间坐标（指北）；U 和 V 为垂向平均流速沿坐标轴方向的分量；ζ 为相对于平均水面的水面高度；h 为局地水深（相对于平均水面）；g 为重力加速度；A 为水平涡动黏性系数（$10^2 \sim 10^4\ \mathrm{m^2/s}$）；$\tau_{x,b}$ 和 $\tau_{y,b}$ 分别为 x 和 y 方向的海底摩擦力，$\overrightarrow{\tau_b}=C_f\rho\overrightarrow{V}|\overrightarrow{V}|$，其中 $\overrightarrow{V}$ 为流矢量，C_f 为海底摩擦系数，f 为 Coriolis 参量（$f=2\Omega\sin(\varnothing)$），$\Omega$ 为地球自转角速度，$\varnothing$ 为地理纬度。

3.2.2.2 初始条件和边界条件

初始条件：$\zeta=U=V=0$。

边界条件：(1)侧边界，固壁处的边界条件为法向速度分量为零；(2)开边界，一般情况下给出潮汐水位 ζ 随时间的变化，流速取辐射边界条件或无梯度条件，公式如下：

$$\zeta=\sum_{i=1}^{n} f_i h_i \cos(\sigma_i t+v_{oi}+u_i-g_i) \tag{3-4}$$

式中：h_i 和 g_i 为第 i 个分潮的调和常数；σ_i 为分潮的角速度；f_i 为分潮的交点因子；v_{oi} 为分潮的天文初位相角；u_i 为分潮的交点订正角。

3.2.2.3 计算方法

1) 网格设置

空间差分网格采用 C 网格，即 ζ 和 h 位于网格线交叉点上；U 位于 x 方向网格线上，并在相邻的 ζ 之间；V 位于 y 方向网格线上，并在相邻的 ζ 之间。两个同类型的相邻点之间的距离为 ΔS。

对于具体海区，在(x,y)平面上的计算点则具有不同的类型，分为内点和边界点，边界点进一步可分为闭边界点和开边界点，开边界点又可进一步分成 ζ 点、U 点和 V 点。关于边界点的选取，这里还需要加以特别说明：关于闭边界，可以相信海岸线的微小变动对于整个海区水体运动的影响是微小的，只是对离岸很近的区域才会有较严重的影响。因此,可以在原来的岸线附近假设一条闭边界线,通过 U、V 点,而且当它通过 U 点时,方向与 x 轴方向垂直,当它通过 V 点时,方向与 y 轴方向垂直。这样,在这些点上的边界条件就可简单地取作:

$$\begin{cases} U=0 \\ V=0 \end{cases} \text{在闭边界,} \quad \begin{cases} \zeta=\zeta(t) \\ U=U(t) \\ V=V(t) \end{cases} \text{在开边界}$$

一般情况下,只需给出开边界上的水位即可,流速采用辐射条件或无梯度条件。

2) 时间格式

每个时间步 ΔT 均分为两个半步,在每半个时间步 $\frac{1}{2}\Delta t$ 内,在所有的网格上均布设 ζ(连续方程)、U(x 方向动量方程)和 V(y 方向动量方程)。第一个半步对 ζ 和 U 采用隐式差分求解,对 V 采用显式差分求解;第二个半步对 ζ 和 V 采用隐式差分求解,对 U 采用显式差分求解。

3) 差分方程

对于内点,采用空间中心差分。x 方向网格空间步长为 ΔX,y 方向网格空间步长为 ΔY,时间步长为 ΔT,半时间步长为 $\Delta t\left(\Delta t=\frac{1}{2}\Delta T\right)$;并且有 $Z=\zeta+h$,在第 K 时间步的第一个半时间步(规定为第 k 时间步),分别在 ζ 和 U 的(I,J)点写出连续方程和 x 方向动量方程的差分方程:

$$\frac{\zeta_{I,J}^{k}-\zeta_{I,J}^{k-1}}{\Delta t}+\frac{1}{\Delta X}\left(\frac{Z_{I,J}^{k-1}+Z_{I+1,J}^{k-1}}{2}U_{I,J}^{k}-\frac{Z_{I,J}^{k-1}+Z_{I-1,J}^{k-1}}{2}U_{I-1,J}^{k}\right)+ \frac{1}{\Delta Y}\left(\frac{Z_{I,J}^{k-1}+Z_{I,J+1}^{k-1}}{2}V_{I,J}^{k-1}-\frac{Z_{I,J}^{k-1}+Z_{I,J-1}^{k-1}}{2}V_{I,J-1}^{k-1}\right)=0 \tag{3-5}$$

$$\frac{U_{I,J}^{k}-U_{I,J}^{k-1}}{\Delta t}+U_{I,J}^{k}\frac{U_{I+1,J}^{k-1}-U_{I-1,J}^{k-1}}{2\Delta X}+\overline{V}_{I,J}^{k-1}\left(\frac{U_{I,J+1}^{k-1}-U_{I,J-1}^{k-1}}{2\Delta Y}-f_J\right)+ g\frac{\zeta_{I+1,J}^{k}-\zeta_{I,J}^{k}}{\Delta X}-\frac{\tau_{xI,J}^{k-1}}{\rho(Z_{I,J}^{k-1}+Z_{I+1,J}^{k-1})/2}=0 \tag{3-6}$$

其中,

$$\overline{V}_{I,J}=\frac{1}{4}(V_{I,J}+V_{I,J-1}+V_{I+1,J}+V_{I+1,J-1})$$

$$\tau_{xI,J}^{k-1}=\tau_{xb}^{k-1}=C_f\rho U_{I,J}^{k-1}\left[(U_{I,J}^{k-1})^2+(\overline{V}_{I,J}^{k-1})^2\right]^{1/2}$$

差分方程(3-5)和(3-6)经整理可以写成：

$$A_{I,J}U_{I-1,J}^{k}+B_{I,J}\zeta_{I,J}^{k}+C_{I,J}U_{I,J}^{k}=F_{I,J} \tag{3-7}$$

$$A'_{I,J}\zeta_{I,J}^{k}+B'_{I,J}U_{I,J}^{k}+C'_{I,J}\zeta_{I+1,J}^{k}=F'_{I,J} \tag{3-8}$$

其中，

$$\begin{cases} A_{I,J}=-\dfrac{\Delta t}{2\Delta x}(Z_{I,J}^{k-1}+Z_{I-1,J}^{k-1}) \\ B_{I,J}=1 \\ C_{I,J}=\dfrac{\Delta t}{2\Delta x}(Z_{I,J}^{k-1}+Z_{I+1,J}^{k-1}) \\ F_{I,J}=\zeta_{I,J}^{k-1}-\dfrac{\Delta t}{\Delta Y}\left(\dfrac{Z_{I,J}^{k-1}+Z_{I,J+1}^{k-1}}{2}V_{I,J}^{k-1}-\dfrac{Z_{I,J}^{k-1}+Z_{I,J-1}^{k-1}}{2}V_{I,J-1}^{k-1}\right) \end{cases}$$

$$\begin{cases} A'_{I,J}=-g\dfrac{\Delta t}{\Delta x} \\ B'_{I,J}=1+\dfrac{\Delta t}{2\Delta x}(U_{I+1,J}^{k-1}-U_{I-1,J}^{k-1}) \\ C'_{I,J}=g\dfrac{\Delta t}{\Delta x} \\ F'_{I,J}=U_{I,J}^{k-1}-\Delta t\bar{V}_{I,J}^{k-1}\left(\dfrac{U_{I,J+1}^{k-1}-U_{I,J-1}^{k-1}}{2\Delta y}-f_J\right)+\dfrac{\Delta t\tau_{xI,J}^{k-1}}{\rho(Z_{I,J}^{k-1}+Z_{I+1,J}^{k-1})/2} \end{cases}$$

对于某一行(即 J 固定)，如果 ζ 内点和 U 内点共有 N 个，则可利用式(3-7)和式(3-8)列出 N 个方程，从而解出这一行的 ζ 和 U。例如，对于左端为闭边界、右端为开边界(即第一个内点为 ζ 点，最后一个内点为 U 点)，此时分别有 $N'=N/2$ 个 ζ 点和 U 点。假定第一个内点的序号为 n，可得到下列方程组：

$$\begin{gathered} B_n\zeta_n+C_nU_n=F_n-A_nU_{n-1} \\ A'_{n+1}\zeta_n+B'_{n+1}U_n+C'_{n+1}\zeta_{n+1}=F'_{n+1} \\ A_{n+2}U_n+B_{n+2}\zeta_{n+1}+C_{n+2}U_{n+1}=F_{n+2} \\ \vdots \\ A_{n+N-1}U_{n+N'-1}+B_{n+N-1}\zeta_{n+N'-1}+C_{n+N-1}U_{n+N'}=F_{n+N-1} \\ A'_{n+N}\zeta_{n+N'-1}+B'_{n+N}U_{n+N'}=F'_{n+N}-C'_{n+N}\zeta_{n+N'} \end{gathered}$$

这是一个三对角线性方程组，可以轻易地用追赶法解出。这样就完成了一行上所有 ζ 和 U 点的计算，如此行行计算，即可得到第一个半时间步内所有 ζ 和 U 点的计算值。

对于 y 方向动量方程，采用显示差分求解，可逐点计算出 V 值。

通过以上两部分计算即可完成第一个半时间步的全部计算。

第二个半时间步的算法与第一个半时间步类似，只是先对 ζ、V 用隐式差分求解，再用显式差分求解 U。差分方程的推导方法与第一个半时间步相同，只是应沿着 y 方向构造方程组。

3.2.3 模型验证

为校验潮汐预报数值模拟方法的可信度，以渤海为例，建立该区域的潮汐预报数学模型，取渤海各潮位站 2005 年 4 月 2 日—16 日期间全潮位观测数据与系统模型预报值进行统计分析(图 3.2-1)，高、低潮时的平均误差为 0.52 h，高、低潮位的平均误差在 0.1 m 左右。由上述数据和图 3.2-1 可以看出，模型预报结果可信度较高，模拟方法正确，能够较好地表征该点位的潮汐特征。

潮汐是一种复杂的海洋动力学现象，各种预报方法都会不可避免地产生误差。影响潮汐预报的因素有很多，例如选取主要分潮的个数、复杂的天气状况、近岸陆地情况、海浪海流等。本模型的数值模拟结果在部分浅海区域高、低潮潮高方面存在一定误差，但是在高、低潮时的预报和缺乏观测资料的海区潮汐预报方面有较高的参考价值。

3.3 超大型船舶适航时段预报模型

将长航道乘潮水位算法(详见 2.2 节)与近岸潮流预报数值模拟算法相耦合，建立超大型船舶适航时段预报模型。模型首先对指定日期潮位进行预报，将水深不足的航段两端潮位过程叠加乘潮水位算法，推算出指定日期水深满足要求的适航时段。下面仍以渤海湾曹妃甸港区为研究对象，将船舶满载进港作为最不利情况进行案例计算。

由 2.2 节可知，船舶沿潮波传播方向从老铁山水道到曹妃甸水域，船舶满载进港时水深不足的航道长度为 76 n mile(141 km)(图 3.3-1 中 EF 段)，假设船舶以 10 kn 的航速航行，则经过 EF 段的航行时间为 7.6 h，取通过浅段的乘潮时间为 8 h。

使用模型对 2020 年 11 月 1 日 00:00 至 11 月 3 日 00:00 水深适航时段进行预报。理论最低潮面位置根据曹妃甸、旅顺新港已有值差值求出。

通过预报模型计算可知，2020 年 11 月 1 日进港建议为 9:00 到达 E 点，届时乘潮水位 1.56 m，建议航速 10 kn；或者 22:00 到达 E 点，届时乘潮水位是 1.58 m，建议航速 10 kn。两时段航深均满足适航水深要求，按建议航速行驶，可顺利通过碍航长航道。图 3.3-2 给出了平台预报功能显示界面。

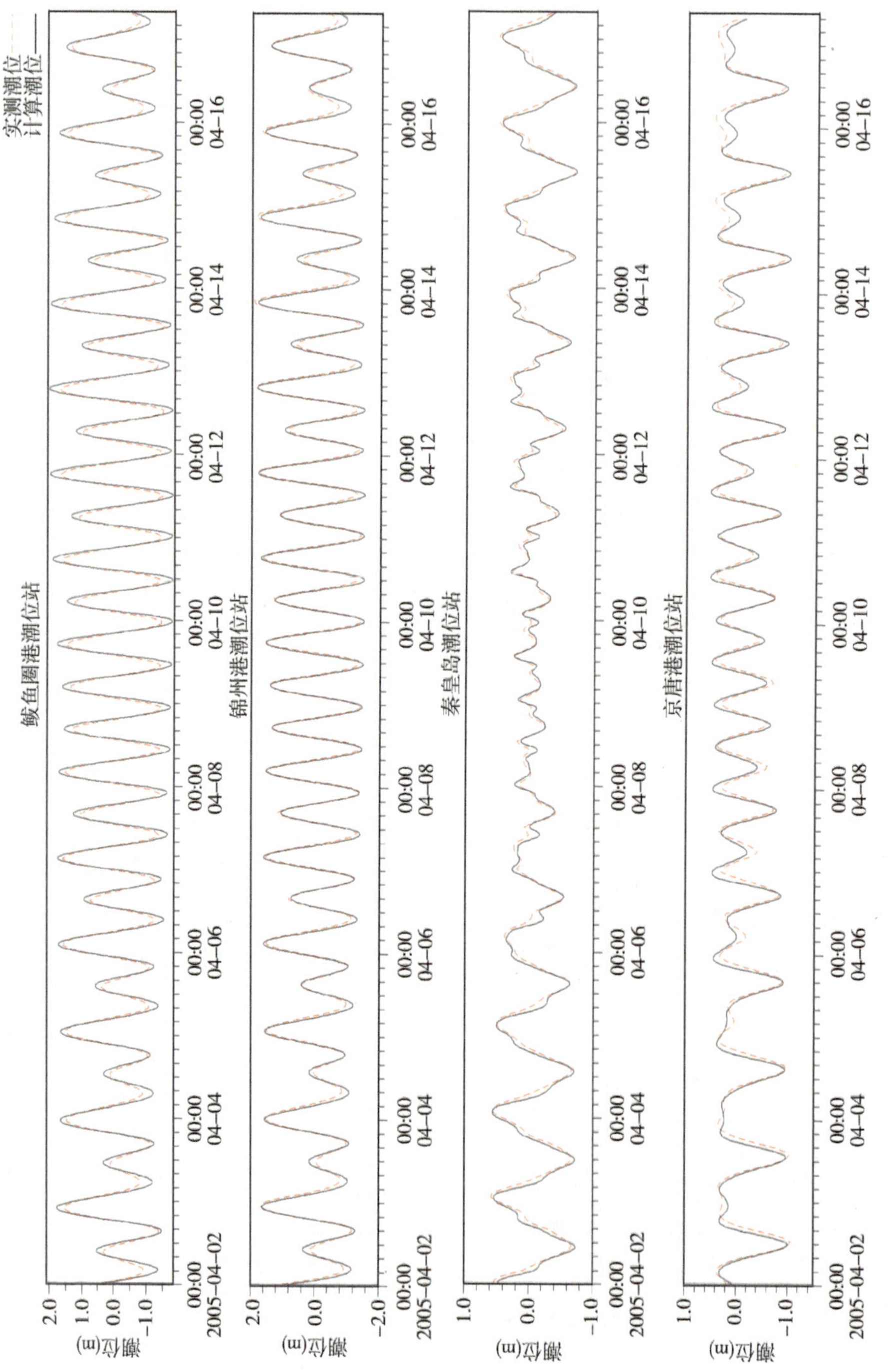
实测潮位
计算潮位
鲅鱼圈港潮位站
锦州港潮位站
秦皇岛潮位站
京唐港潮位站
潮位(m)
00:00 2005-04-02
00:00 04-04
00:00 04-06
00:00 04-08
00:00 04-10
00:00 04-12
00:00 04-14
00:00 04-16

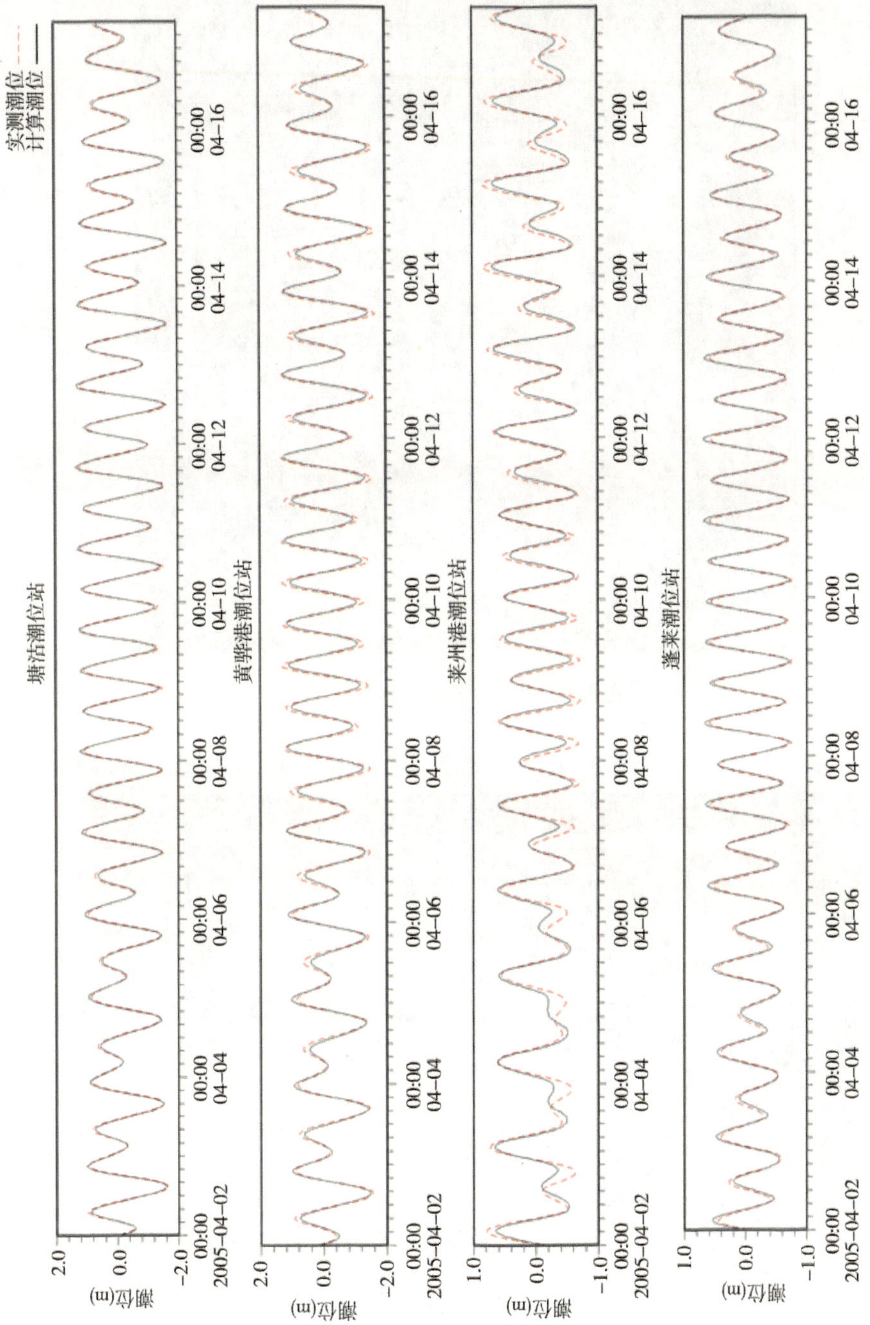

图 3. 2-1 渤海潮位站全潮验证

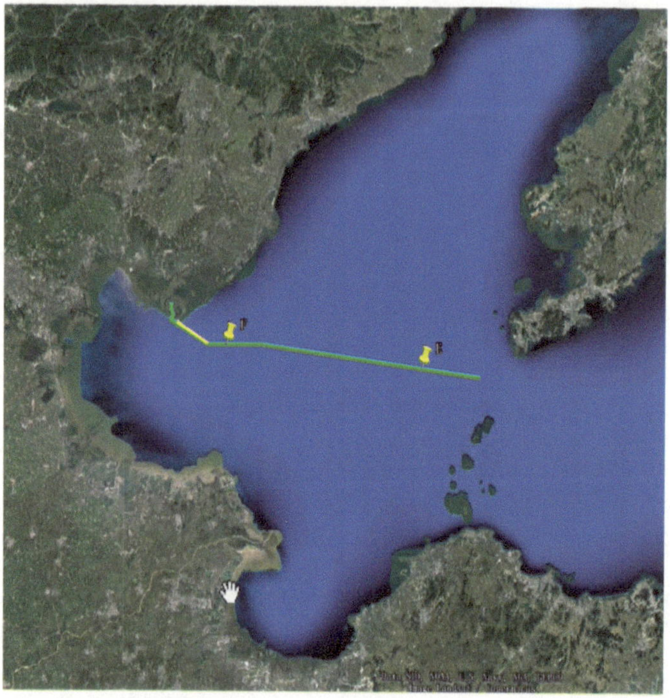

图 3.3-1　潮位预报航段示意图

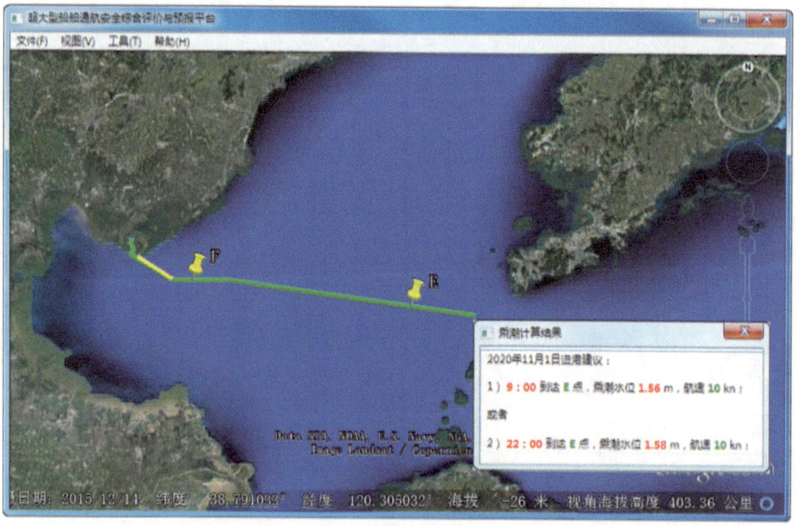

图 3.3-2　平台预报功能显示界面

4

智慧通航平台研发及应用

4.1 平台研发

4.1.1 系统架构

本书将超大型船舶适航时段预报模型与综合安全评价模型进行搭接，完善预报功能，形成超大型船舶通航安全预测模型，然后将其功能嵌入全过程动态综合评价模型，进而开发超大型船舶通航安全综合评价与预报平台，既能实现对在航船舶通航安全状态进行实时的动态评价，又能为即将进(出)港的船舶提供到港日/离港日通航环境的预判和预警。该成果提高了超大型船舶通航效率，节省时间成本，实现通航环境综合信息动态感知、通航安全辅助信息一体化集成，为港口管理部门、引航部门、船方提供多层次、全过程、智能化的港口船舶安全综合信息服务，提高通航能力，降低风险，保障通航安全，维护水域生境。图 4.1-1 为系统架构示意图。

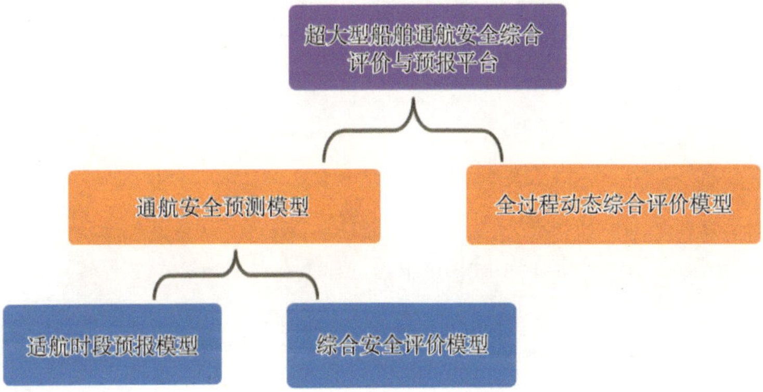

图 4.1-1 系统架构示意图

4.1.2 开发工具

本软件基于 MS. NET，利用 C# 语言开发，必须运行在 Microsoft Windows 操作系统且安装了 MS. NET 4.5 或更高版本之上。

4.1.3 软件模块化设计

本软件主界面为图形化形式，其他功能模块以类库形式存在，主界面程序通过类库提供的接口实现对指定站点的潮汐预报、乘潮水位的计算、风险因子基础数据维护、风险因子度量数值的输入及对应风险级别的模型化计算。

4.1.4 基础数据

为适应不同港区对风险因子选取、分级及隶属度的不同，在系统中通过输入外部基础数据，完成对系统不同矩阵因子的自动计算，以备风险级求解或自适应基础数据优化。主要数据结构及接口函数如下。

(1) 基础数据结构

本系统在数据维护、基本数据生成、风险因子选取及风险级别求解时用到的重要数据以结构体变量形式存储，主要包括：

```
///<summary>
///风险度构成信息
///</summary>
public struct RiskAssessmentInfomation{
        ///<summary>
        ///适用的港口名称
        ///</summary>
        public string harbourName;
        /// <summary>
        /// 设定的风险级别数
        /// </summary>
        public int riskGradeNumber;
        /// <summary>
        /// 风险分类数量
        /// </summary>
        public int riskClassNumber;
        /// <summary>
        /// 风险类别比较矩阵有效元素(共 M*(M-1)/2 个,M 为风险类别数)
        /// </summary>
        public double[] riskClassCMPMatrix;
        /// <summary>
        /// 风险类别所属信息集合(包括每一风险类别的名称、所属因子
数、各因子名称及对应的风险比较矩阵)
        /// </summary>
        public RiskClassInfo[] riskClassInfos;
```

```
}
/// <summary>
/// 风险类别所属信息
/// </summary>
public struct RiskClassInfo
{
    /// <summary>
    /// 风险类别名称
    /// </summary>
    public string theRiskClassName;
    /// <summary>
    /// 该风险类别下的风险因子数量
    /// </summary>
    public int theRiskClassFactorNumber;
    /// <summary>
    /// 该风险类别下所有风险因子名称集合
    /// </summary>
    public List<string> theRiskFactorNames;
    /// <summary>
    /// 所有风险因子比较矩阵有效元素(每个矩阵共有 N*(N-1)/2 个元素,N 为风险因子数)
    /// </summary>
    public List<double[]> theRiskFactorCMPMatrixes;
    /// <summary>
    /// 所有风险因子分级划分及隶属度矩阵信息
    /// </summary>
    public List<RiskSubjectionForLevelAndGrade> theRiskSubjectionAndGrade;
}
/// <summary>
/// 风险因子分级划分及隶属度矩阵
/// </summary>
public struct RiskSubjectionForLevelAndGrade {
```

```
        /// <summary>
        /// 风险因子指标分级(对特定风险因子大小判断应采用哪个风险等级行)
        /// </summary>
        public double[] theRiskFactorLevels;
        /// <summary>
        /// 风险因子对应的隶属度(满秩)
        /// </summary>
        public LinearAlgebra.Matrix theSubjectionElements;
    }
```

(2) 系统参数设置 SysParamsSetWin()

该函数调出系统参数管理窗口,实现界面化参数定制。完成设置后,点击"保存"按钮,实现基本数据的本地化存储,以后的程序运行中将自动调用本地化存储的基本数据完成风险度计算。

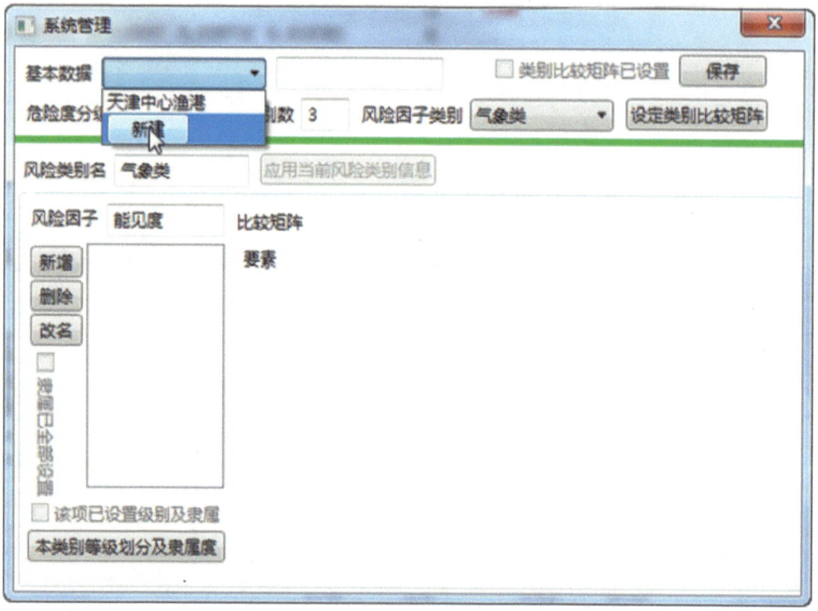

图 4.1-2 系统基本数据维护界面

如图 4.1-2 所示,点击基本数据下拉列表框的"新建"按钮进行基本数据输入。系统参数设置分为 3 类,即风险因子适应的港区基本信息、风险因子分类及比较矩阵信息、风险因子分级及隶属度信息,每一类信息均需给定后才能变为合法的基本信息,信息的设置方法如下。

1）港区基本信息

依次输入基本数据适应的港区名称、危险度分级、风险因子分类数，系统自动给出因子分类名并生成基本存储变量，如图 4.1-3a 所示。点击“设定类别比较矩阵”按钮，弹出“风险类别重要度设定”窗口，如图 4.1-3b 所示。对比较矩阵基本元素进行修改，如图 4.1-3c 所示，关闭后数据自动传回系统管理窗口。

图 4.1-3a　港区基本信息维护

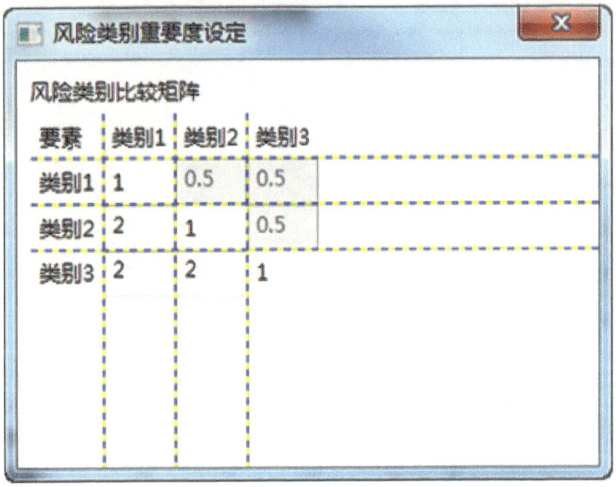

图 4.1-3b　港区分类风险因子比较矩阵信息维护（自动生成）

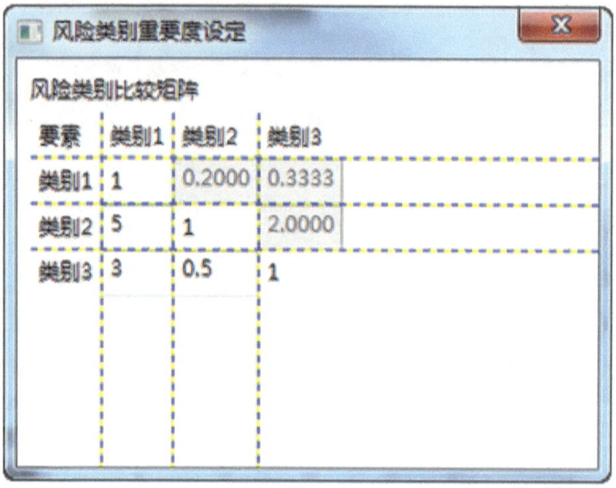

图 4.1-3c　港区分类风险因子比较矩阵信息维护(新数据修改)

2) 风险因子分类及比较矩阵信息

选择要进行数据录入或修改的风险因子类别,在"风险因子"编辑框输入风险因子名称,点击"新增"按钮,比较矩阵同时给出缺省数据,如图 4.1-4a 所示。重复该操作多次,直至该风险类别下所有风险因子被添加,如图 4.1-4b 所示。手动修改比较矩阵对应的元素值,完成比较矩阵的数据录入,如图 4.1-4c 所示。注意,矩阵对角元素自动满足互为倒数关系。

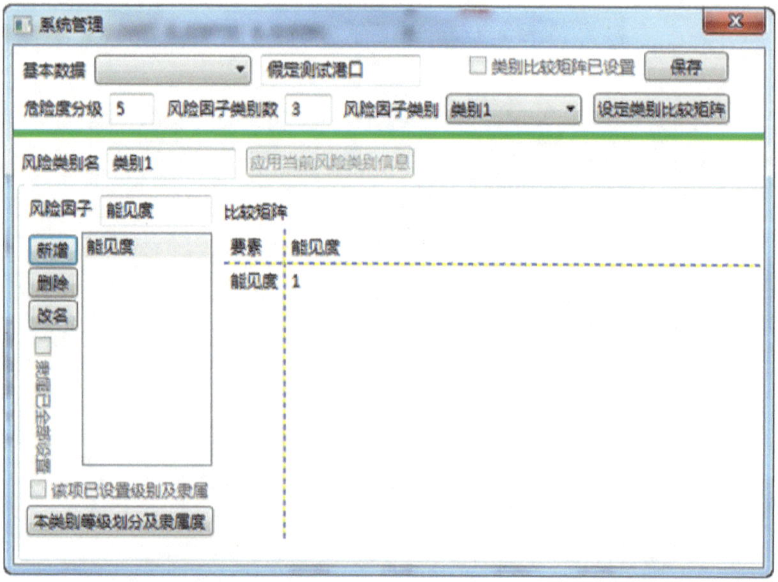

图 4.1-4a　风险因子分类及比较矩阵信息(比较矩阵)

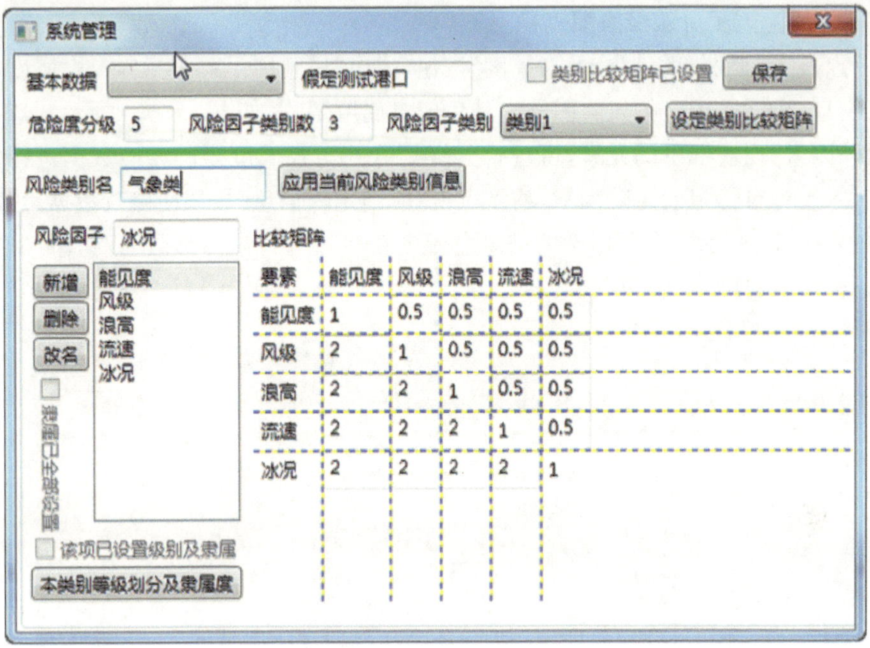

图 4.1-4b 风险因子分类及比较矩阵信息(比较矩阵数据自动生成)

图 4.1-4c 风险因子分类及比较矩阵信息(比较矩阵数据修改)

3）风险因子分级及隶属度信息

点击“本类别等级划分及隶属度”按钮，弹出“风险因子等级指标及隶属度定义”窗口，根据已定义的风险因子自动生成隶属度矩阵，如图 4.1-5a 所示。选择“风险因素”列表框下的元素，可进行分级划分并对隶属度矩阵相应数据进行修改。每次针对特定的风险因素，均需点击“应用矩阵信息”按钮使修改数据生效，如图 4.1-5b 所示。全部因子的信息完成更新后，点击“返回参数”按钮，传回等级指标及隶属度定义信息。

图 4.1-5a　风险因子分级及隶属度信息(数据自动生成)

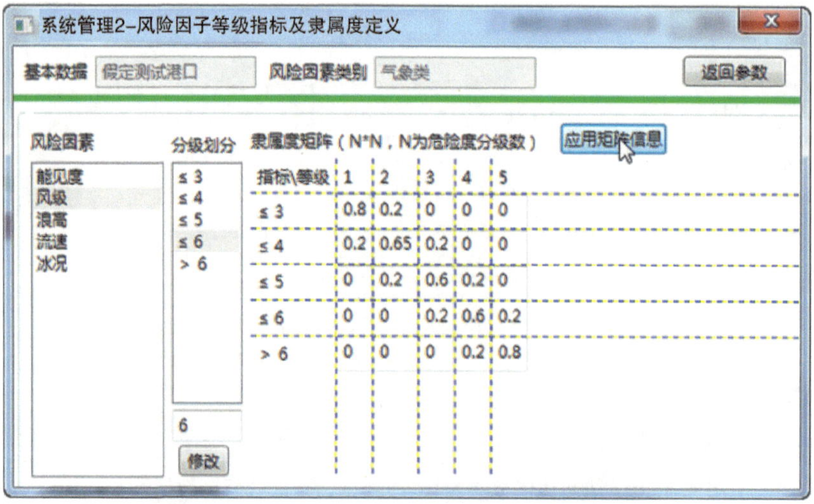

图 4.1-5b　风险因子分级及隶属度信息(数据修改)

回传数据后,“该项已设置级别及隶属”复选框显示选中状态,表示当前风险类别的分级及隶属度信息设置已完成,如图 4.1-6 所示。点击“应用当前风险类别信息”按钮使当前类别风险信息被保存。

图 4.1-6　分类风险因子基本信息更新

选择“风险因子类别”下拉列表框的其他风险因子类,按上述步骤逐一进行数据输入,确保所有信息输入后,“隶属已全部设置”复选框显示选中状态,此时点击右上角“保存”按钮,对所有输入信息进行保存,完成基础数据建立。

4.1.5　系统初始化

风险评估对象基本数据初始化函数:InitTheRiskAssesse()。

本函数读取程序目录下的 BaseDataInfo. xml 文件,以文件数据作为基本数据,自动实现对权重矩阵的求解,完成对风险评估对象的初始化以备后用。只有在成功初始化后,才可进行风险级计算。

图 4.1-7 所示为为了测试本系统而单独编制的测试程序窗口。在本窗口中点击“初始化”按钮完成系统基本数据初始化和必要的运算,成功后返回当前评估系统所适应的港区名称并显示在窗口标题处,同时“计算”按钮变为可用状态。如果首次使用或读取基本数据文件失败,可点击“系统参数设置”按钮调出系统

参数管理窗口，按照 4.1.4 节中所述步骤完成基本数据维护。

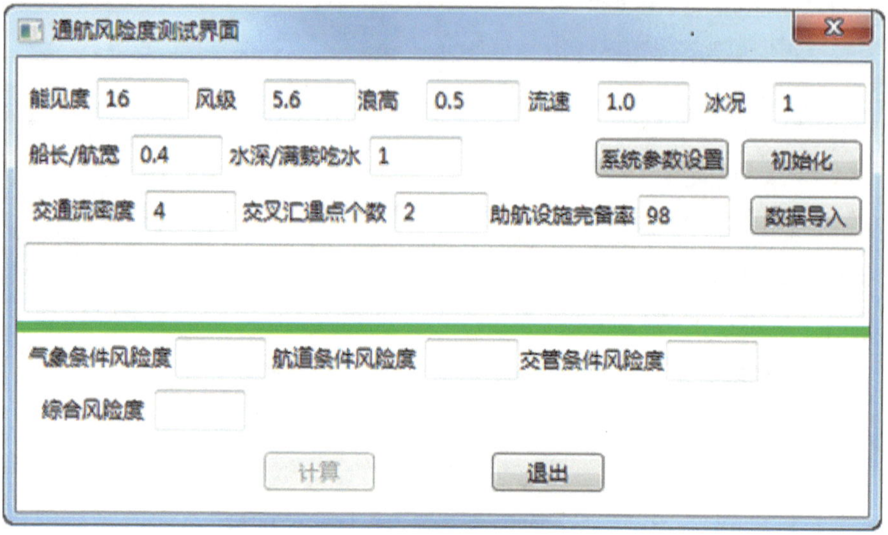

图 4.1-7　影响因子拾取界面

4.1.6　风险度求解

求解风险度函数：GetAssessmentValue(double[][] safetyIndex)。

输入参数为给定分类别的安全指标，维度 1 代表分类索引，维度 2 代表特定维度各项指标的数值，数值给定顺序应全域一致。返回值类型为一维数组，代表系统计算得到的分类及综合风险度值。

在风险评估系统成功初始化后，按照上述参数数据给定顺序传入数据，系统将自动计算并返回各风险分类的风险度及综合评估后的综合风险度。图 4.1-8 为综合安全评价窗口示意图。

4.1.7　通航安全预报

该功能可对未来既定日期（船舶拟到港或出港日期）通航环境进行预报，对没有实测气象、水文资料的外海长航道段，采用潮汐预报、气象预报数据，结合航线经过海域的地形数据，对船舶通航贡献给出预测评价值。输入条件界面如图 4.1-9 所示。

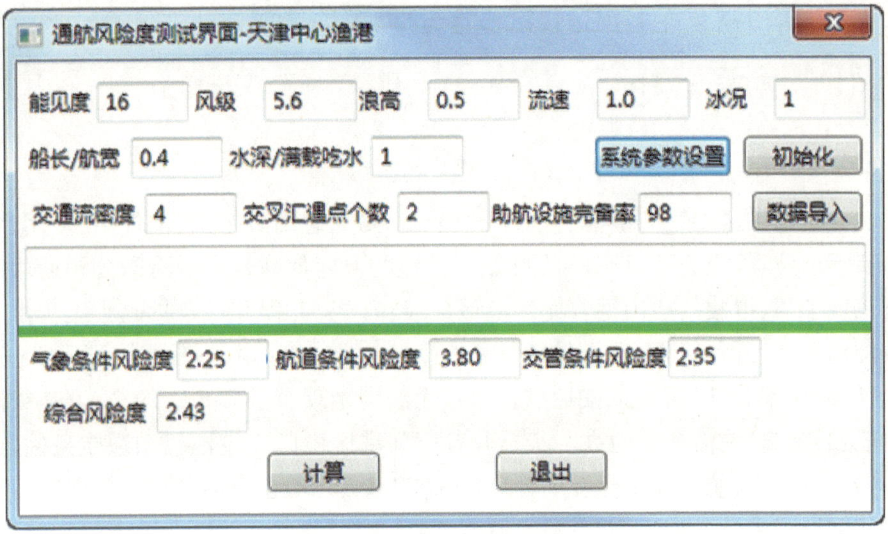

图 4.1-8 综合安全评价窗口

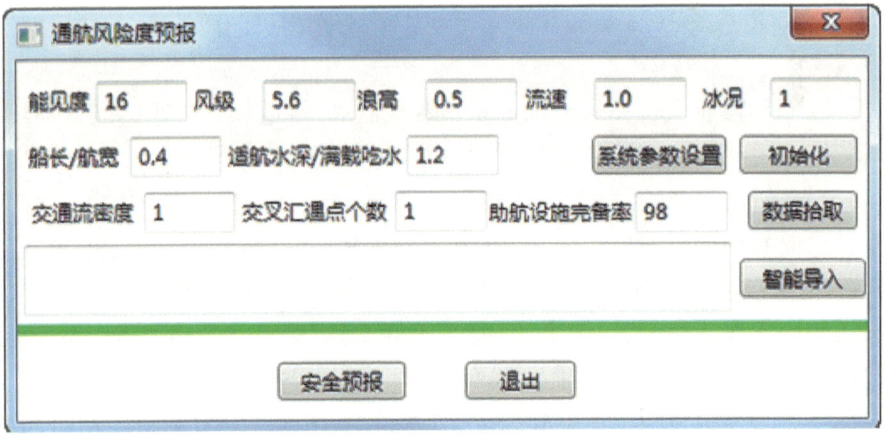

图 4.1-9 通航安全预报输入条件窗口

4.2 工程应用

4.2.1 唐山港曹妃甸港区中区一港池20万吨级航道动态风险综合评价及预报

4.2.1.1 项目概况

曹妃甸港区中区一港池有泊位48个，主要为通用散杂、通用件杂、多用途、煤炭等泊位，等级为5万～15万吨级。已建的曹妃甸联运码头有限公司通用散货三期工程、拟建的唐山港曹妃甸港区集装箱码头工程和件杂货码头工程水工结构均为20万吨级，而现有航道等级仅为10万吨级(现状一港池底标高已达−18.3 m，满足15万吨船舶通航要求)，无法满足现有的和拟建的20万吨级泊位船舶靠(离)泊需要。为进一步提升曹妃甸港区中区一港池船舶通航条件，适应船舶大型化、航道深水化发展趋势，曹妃甸港集团股份有限公司拟开展唐山港曹妃甸港区中区一港池20万吨级航道工程。

曹妃甸西距天津港38 n mile，东北距京唐港区33 n mile、秦皇岛港92 n mile。本工程位于曹妃甸港区中区一港池。

1. 航道方案

进港航道总长10.5 km，共分为3段布置，分别为口门段航道、连接段航道、北段航道。

(1) 口门段航道自外海−18.9 m等深线起算，航道长2 903 m，航道轴线基本位于口门中心位置，口门外航道呈“喇叭口”形状，口门段航道设计底标高为−18.9 m，航道最窄处底宽为378 m。

(2) 连接段航道主要连接口门段和北段航道，连接段航道长3 596 m，连接段航道与口门段航道夹角60°，转弯半径2 000 m，与北段航道夹角25°，转弯半径2 000 m。连接段航道存在较大的转向角度，考虑船舶通航的适宜性，对连接段航道进行加宽，连接段航道通航宽度最窄处为713 m，设计底标高为−18.9 m。

(3) 北段航道位于港池中心位置，航道长4 001 m，20万吨集装箱船、散货船单线航道通航宽度为345 m，设计底标高为−18.9 m。

港池外部(口门外侧)海域水深条件良好，为自由航行区域，进港船舶可沿第三通航分道行至口门附近水域调转船头通过口门进港。图4.2-1和图4.2-2为曹妃甸港区规划示意图及一港池内航道总平面布置图。

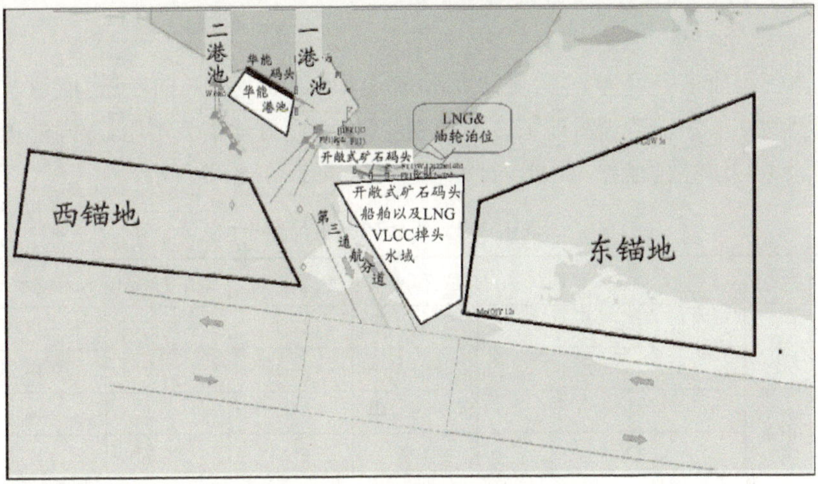

图 4.2-1 曹妃甸港区规划示意图

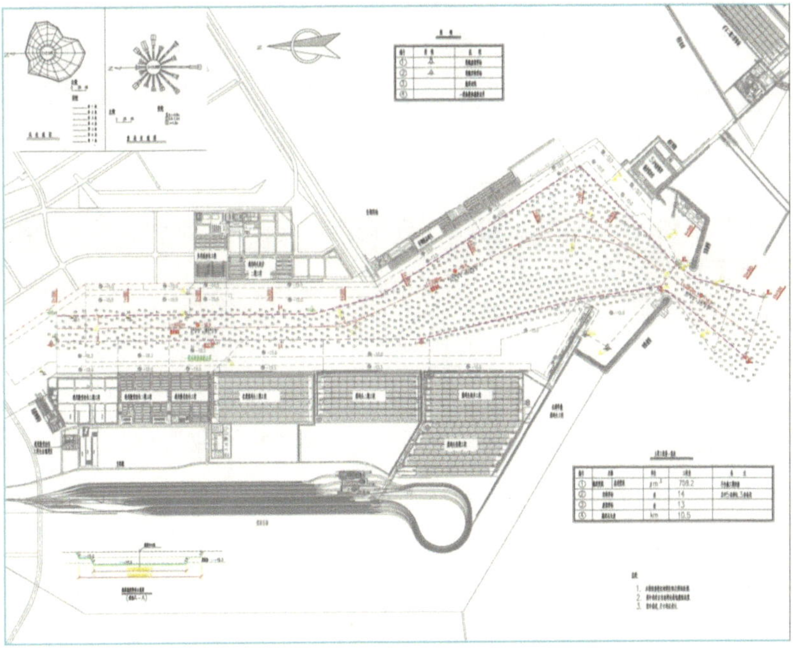

图 4.2-2 一港池内航道总平面布置图

2. 导助航设施

根据《唐山港曹妃甸港区中区一港池 20 万吨级航道工程可行性研究报告》,

共布置了11套实体浮标(另备用3套)。

3. 设计船型

本工程航道等级为20万吨级单向航道和10万吨级双向航道,航道水深控制船型为20万吨散货船,航道宽度控制船型为20万吨集装箱船,双向航道设计船型为10万吨散货船。本书设计船型主尺度如表4.2-1所示。

表4.2-1 设计船型主尺度

船型	设计船型 DWT(t)	总长 L(m)	型宽 B(m)	型深 H(m)	设计吃水 T(m)
散货船	100 000	250	43.0	20.3	14.5
	200 000	312	50.0	25.5	18.5
集装箱船	150 000	367	51.2	29.9	16.0
	200 000	400	61.5	33.5	17.0

4.2.1.2 外部环境

1. 自然条件

曹妃甸海域地形较复杂,其中甸头前为水深-30 m以上的深槽,两侧深水区等深线总体为东西向,并向近岸逐渐趋于顺岸走向。曹妃甸港区东侧为老龙沟伸向三港池水域,西部港区则分布有南北走向的一、二港池等与海相通。曹妃甸甸头深水区水下岸坡较陡,护岸至深水区坡度为1∶10~1∶300,水深条件优良。根据以往研究结果,曹妃甸浅滩与深槽在一定的水动力条件下使滩槽长期以来保持了基本稳定。

1) 气象

(1) 气温

年平均气温:11.84℃;

年平均最高气温:15.67℃;

年平均最低气温:8.35℃;

极端最高气温及出现时间:36.6℃,2010年7月5日14:49;

极端最低气温及出现时间:-21.0℃,2010年1月5日05:35。

(2) 风

根据曹妃甸浮标测站观测资料统计,该区常风向为S向,出现频率为9.16%;次常风向为SSW向,出现频率为8.28%;强风向为NW向,次强风向为ENE向。全年各风向≥7级风的出现频率为1.48%,详见风频率统计表(表4.2-2)及风玫瑰图(图4.2-3)。

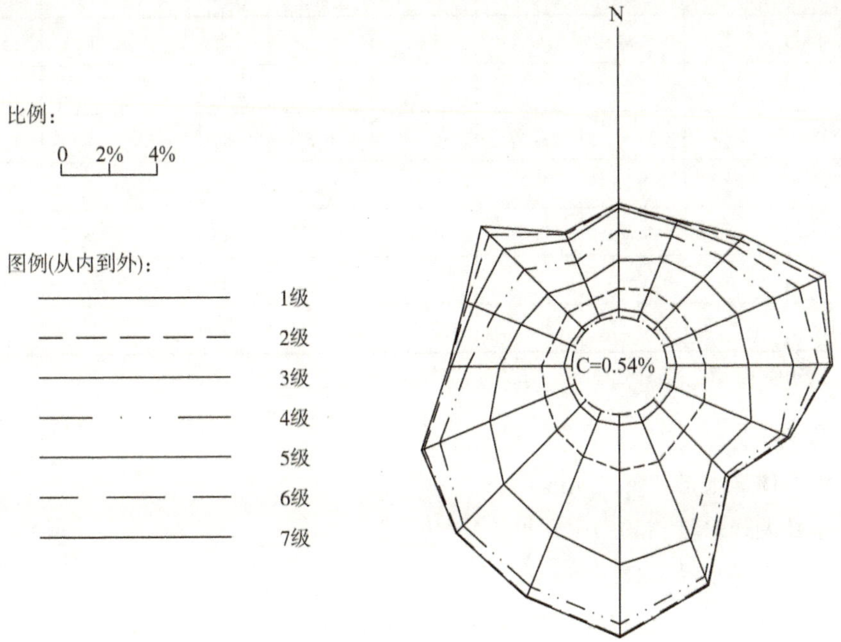

图 4.2-3 风玫瑰图

表 4.2-2 风频率统计表

单位:%

风向	1 级	2 级	3 级	4 级	5 级	6 级	7 级及以上	合计
N	0.33	0.84	1.17	1.21	0.91	0.17	0.02	4.66
NNE	0.38	0.98	1.37	1.02	0.50	0.15	0.05	4.46
NE	0.31	1.05	1.66	1.18	0.70	0.33	0.27	5.49
ENE	0.37	1.04	2.01	1.65	1.19	0.88	0.33	7.47
E	0.40	1.23	1.84	1.91	1.07	0.51	0.09	7.05
ESE	0.45	1.42	2.15	1.37	0.32	0.09	—	5.80
SE	0.38	1.42	1.70	0.84	0.19	0.02	0.01	4.55
SSE	0.50	1.79	3.47	1.62	0.33	0.06	—	7.77
S	0.43	1.88	3.86	2.45	0.49	0.05	—	9.16
SSW	0.45	1.57	3.35	2.44	0.43	0.04	—	8.28
SW	0.34	1.40	3.13	2.39	0.39	0.03	—	7.68
WSW	0.28	1.10	2.49	2.26	0.71	0.10	0.02	6.96

续表

风向	1级	2级	3级	4级	5级	6级	7级及以上	合计
W	0.33	0.93	1.75	1.32	0.69	0.11	—	5.13
WNW	0.26	0.67	1.51	1.21	0.91	0.29	0.12	4.97
NW	0.22	0.86	1.13	1.40	1.19	0.84	0.48	6.12
NNW	0.22	0.70	0.81	0.89	0.95	0.28	0.08	3.92
C	0.54	—	—	—	—	—	—	0.54
总计	5.66	18.87	33.39	25.16	10.96	3.95	1.48	100.00

注：表中数据因四舍五入处理而略有出入。

(3) 降水

年平均降水量：708.1 mm；

年最大降水量：883.0 mm；

年最小降水量：546.6 mm；

一日最大降水量：112.1 mm(2010 年 8 月 21 日)。

日降水量≥25.0 mm 的年平均降水日数为 13 天。

日降水量≥50.0 mm 的年平均降水日数为 4 天。

本地区降水有显著的季节变化，降水多集中在 6—8 月，其降水量为年降水量的 70%，而每年的 12 月至翌年的 3 月是干旱季节，四个月的降水量仅为年降水量的 3.5%。

(4) 雾及能见度

根据 2010—2012 年实测统计，工程区域能见度小于 1 km 大雾的年均出现天数为 20 天，出现时间约 170 h，大雾多出现于每年的 11 月至翌年的 2 月。

(5) 雷暴

多年平均雷暴日为 29 天，多数雷暴日出现在 6—8 月。每个月份出现的次数见表 4.2-3。

表 4.2-3 雷暴出现次数统计表 单位：天

	1月	2月	3月	4月	5月	6月	7月	8月	9月	10月	11月	12月
2010年	0	0	0	1	6	5	4	6	0	2	0	0
2011年	0	0	0	3	6	3	9	6	1	1	0	0
2012年	0	0	0	1	4	10	8	4	4	1	2	0
平均天数	0.0	0.0	0.0	1.7	5.3	6.0	7.0	5.3	1.7	1.3	0.7	0.0

2）水文

（1）潮位

2000 年 10 月 16 日—2001 年 10 月 15 日，在曹妃甸港区水域进行了为期一年的潮位观测，实测资料统计分析如下。

①高程关系

高程关系如图 4.2-4 所示。

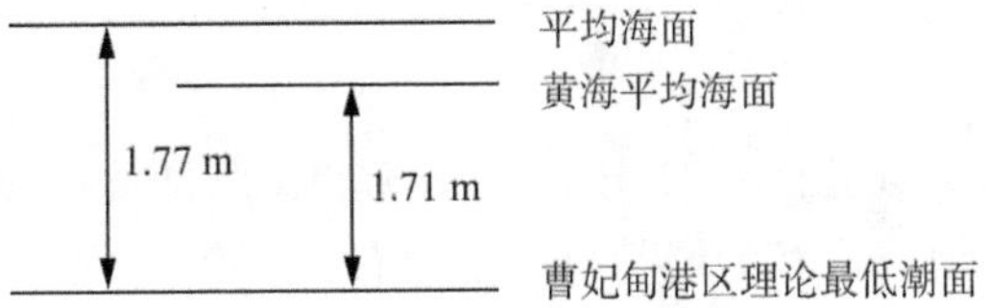

图 4.2-4　高程关系示意图

②潮位特征值

该海区潮汐性质属于不规则半日潮，其$(H_{O1}+H_{K1})/H_{M2}=0.81$。

（本书中的潮位值均从曹妃甸港区理论最低潮面起算。）

年最高高潮位：3.38 m；

年最低低潮位：0.14 m；

年平均高潮位：2.47 m；

年平均低潮位：1.07 m；

平均海平面：1.77 m；

年平均潮差：1.40 m；

年最大潮差：2.74 m。

③设计水位

设计高水位：2.91 m；

设计低水位：0.53 m；

极端高水位：4.46 m；

极端低水位：−1.27 m。

④乘潮水位

表 4.2-4　全年乘潮水位表　　单位：m

乘潮历时	保证率				
	70%	80%	85%	90%	95%
乘潮 1 小时	2.30	2.19	2.13	2.04	1.82

续表

乘潮历时	保证率				
	70%	80%	85%	90%	95%
乘潮 2 小时	2.24	2.13	2.07	1.98	1.76
乘潮 3 小时	2.14	2.04	1.98	1.89	1.68
乘潮 4 小时	2.02	1.92	1.86	1.76	1.58

(2) 潮流

①观测资料

在曹妃甸港区海域进行了大、小潮两次测验。观测海区潮流为规则的半日潮流，呈往复流运动形式，其流向与海底地形有关，在浅滩外侧大致与岸线平行；曹妃甸甸头以南的深槽，海流流向呈 E—W 向，该水域为工程水域的强流区，深槽范围内平均流速为 55～60 cm/s，最大流速可达 140 cm/s 以上；观测海区涨潮流速大于落潮流速，其涨、落潮时段流速比大潮为 1.4∶1，小潮为 1.2∶1；据南京水利科学研究院潮汐水流物理模型试验研究报告，曹妃甸以北大片浅滩平均水深约 1.5 m，且部分浅滩低潮时露出水面，流速较小，全潮平均流速约 20 cm/s。

综上所述，港区大范围的陆域形成后，护岸处可形成较强的沿堤流。

曹妃甸海域水流有以下特点：

a. 曹妃甸港区附近海域潮流呈往复流形式，涨潮西流，落潮东流。由于曹妃甸以岬角形式向南伸入渤海湾，受地形影响，各测站主流向也不同，但规律性是明显的，主要流向基本平行于等深线；在曹妃甸头和距离浅滩较远海域，潮流基本呈现东西向的往复流运动；在靠近浅滩海区，由于受地形变化影响和滩面的阻水作用，主流流向有顺岸或沿等深线方向流动的趋势。因此，曹妃甸海区潮流基本属往复流，但也明显存在逆时针旋转流特性。

b. 各测站水流强度有向岸逐渐减小的趋势。

c. 曹妃甸海域潮波呈驻波特点，即中潮位时流速最大，高、低潮位时转流。

d. 曹妃甸海区涨潮流速大于落潮流速。

e. 曹妃甸岛附近为水流最强地区，大潮时(潮差 1.9 m 左右)最大涨潮流速可达 1.20 m/s，落潮流速可达 0.95 m/s。

f. 涨潮时，随着潮位的升高，涨潮水体首先充填了曹妃甸浅滩东、西两侧的众多潮沟，随后浅滩滩面淹没，致使部分涨潮水体由曹妃甸北侧的滩面向西与西侧潮沟内向东的涨潮流在曹妃甸通海大堤附近汇合；落潮时，随着潮位的降低，浅滩逐渐露出，滩面上的水体归槽，曹妃甸通海大堤两侧的水体逐渐汇入甸头两侧的深槽水域。大潮时，曹妃甸头附近深槽和老龙沟汇流处流速明显较大；小潮时，平面流速差异变化不太明显。

g. 由两次全潮测验资料可以看出，虽然潮流流速变化在总体上呈现为潮差大流速大、潮差小流速小，但两者相关关系不密切，说明曹妃甸地区惯性流动力作用不容忽略。

②数模成果

根据《曹妃甸一港池浚深工程潮流分析研究报告(初稿)》对曹妃甸一港池航道挖深后港内潮流的变化分析可知：

a. 工程所在的一港池口门外侧流速呈 NW—SE 向沿港区边界的流动。

b. 工程所在的一港池内流速显著小于口门外海域的流速，最大流速基本小于 0.2 m/s，由于受岸边界及地形影响，个别时刻会出现局部回流，但回流流速都很小。该港池流速较小，基本在 0.10 m/s 以下，对船舶航行不会产生较大不利影响。

c. 一港池航道挖深后，一港池口门处及口门外航道外边缘流速呈减小趋势，减幅最大为 0.01～0.05 m/s；一港池内码头前沿及航道上各代表点流速变化均小于 0.01 m/s，流速变化最大为 0.008 m/s，流向变化最大为 3.1°。

d. 由一港池航道挖深前、后潮流矢量对比图及流速、流向对比表可以看出，一港池航道挖深后潮流方向没有明显改变。

可见，一港池航道挖深后对工程海域潮流场影响有限，流速变化主要集中在一港池口门处及外侧的航道外缘，变化幅度为 0.01～0.05 m/s，影响范围在 200 m 以内，潮流方向没有明显改变。

(3) 波浪

①波浪概况

原国家海洋局北海分局(现自然资源部北海局)曾于 1996—1997 年在曹妃甸南侧水域水深－26 m 处投放 DS14 型遥测浮标进行一年的波浪观测，青岛环海海洋工程勘察研究院于 1999 年 3 月—12 月使用 SZF-Ⅱ数字温波仪、Seapac2100h 和 HAB-2 型岸用光学测波仪进行了为期近一年(冬季因结冰停止观测)的波浪补充观测。据以上实测资料统计，该海区常浪向为 S 向，出现频率为 10.87%；次常浪向为 SW 向，出现频率为 7.48%；强浪向为 ENE 向，该向 $H_{4\%}\geq 1.5$ m 的出现频率为 1.63%；次强浪向为 NE 向，$H_{4\%}\geq 1.5$ m 的出现频率为 0.97%，观测期间未出现平均周期大于 7.0 s 的波浪。详见波高频率统计表(表 4.2-5)和波高玫瑰图(图 4.2-5)。

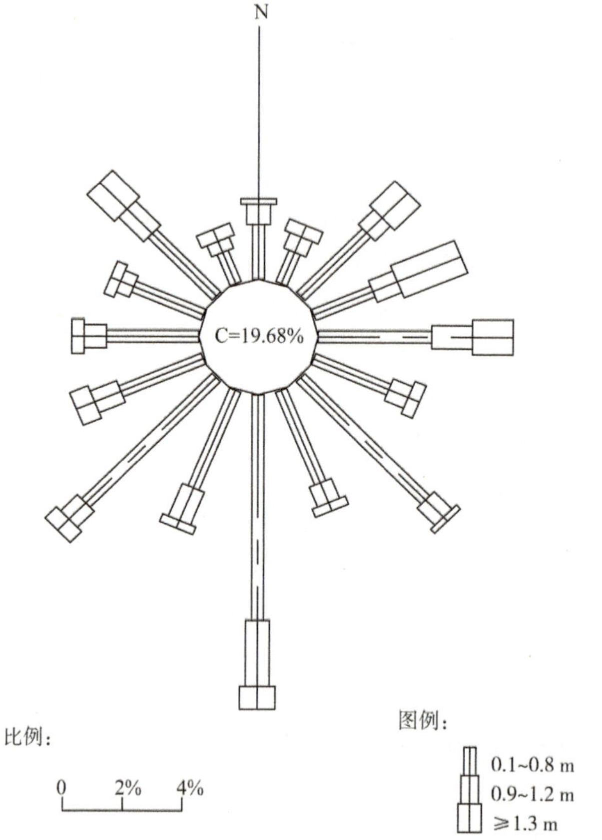

图 4.2-5　波高玫瑰图

表 4.2-5　波高频率统计表　　单位：%

波向	$H_{4\%}$			合计
	0.1～0.8 m	0.9～1.2 m	≥1.3 m	
N	1.89	0.70	0.19	2.79
NNE	1.17	0.57	0.43	2.17
NE	3.11	0.73	1.21	5.07
ENE	2.14	0.89	2.28	5.31
E	3.80	1.35	1.34	6.48
ESE	2.74	0.70	0.40	3.85
SE	5.94	0.84	0.19	6.97
SSE	3.45	0.74	0.30	4.47

续表

波向	$H_{4\%}$			合计
	0.1～0.8 m	0.9～1.2 m	≥1.3 m	
S	7.81	2.27	0.79	10.87
SSW	3.66	1.22	0.28	5.15
SW	6.15	0.79	0.54	7.48
WSW	2.98	0.95	0.65	4.58
W	3.09	0.74	0.41	4.23
WNW	2.52	0.48	0.36	3.36
NW	3.04	1.19	1.30	5.53
NNW	1.16	0.41	0.44	2.01
C	19.68	—	—	19.68
合计	74.33	14.57	11.11	100

注：表中数据因四舍五入处理而略有出入。

②波浪数模分析

根据《曹妃甸航道浚深工程波浪数学模型研究报告》对重现期 2 年和 50 年航道浚深前后港内波况进行的模拟，利用 MIKE21 的 BW 波浪数学模型，对曹妃甸港内浚深前后港内波高进行了模拟，结论如下：

a. 航道浚深前后计算点的波高变化不大。重现期 50 年时，计算点大部分波高变化在 5 cm 以内，最大波高变化为 14 cm；重现期 2 年时，计算点大部分波高变化在 5 cm 以内，最大波高变化为 8 cm。

b. 从波浪场模拟结果可以看出，港区航道、港池浚深深度及拓宽范围均不大，对波浪传播的影响十分有限，各测点开挖前后的波高变化不大。

（4）冰况

国家海洋环境监测中心与大连海洋工程勘察设计和环境保护开发中心于 1999 年末—2000 年初联合进行了曹妃甸海区的冰情调查与分析。根据现场观测、试验及历史冰情分析，曹妃甸海区滩面开阔，北部浅滩水深浅，水流速度小，易受寒潮影响而结冰，初冰日一般出现在 11 月下旬至 12 月初，翌年 1 月中旬进入盛冰期，融冰日在 2 月中旬，终冰日在 3 月中旬，初冰日—终冰日为流冰历时，一般年为 71 d，轻冰年为 54 d，重冰年为 85 d。初冰日—严重冰日为初冰期，冰情具有显著不稳定性，时而融化，时而发展，冰质较松脆，冰层薄，在风浪的作用下易破碎；严重冰日至融冰日称盛冰期，历时一个月，是一年中冰情最严重时期。一般年份，曹妃甸海区盛冰期浅滩的固定冰宽度为 3～5 km，流冰厚度一般为

20～30 cm，最厚可达 45 cm，海冰堆积高度一般为 1～2 m，最高可达 3 m；盛冰期沿海流冰外缘线大致沿 15 m 等深线分布，流冰外缘离岸 30～60 km，大多为冰质较软的重叠冰。

曹妃甸区域 50 年重现期平整冰厚度深槽区为 27 cm，浅滩区为 39 cm；浅滩区涨潮时流冰漂流速度约为 0.7 m/s，方向以 N 向为主，落潮时流冰漂流速度约为 0.5 m/s，方向以 S 向为主；深槽区涨潮时流冰漂流速度约为 1.3 m/s，方向为 W 向，落潮时流冰漂流速度约为 1 m/s，方向为 E 向；冰的单轴抗压强度海上为 2 298 kPa，沿岸为 2 453 kPa。海冰具有较大的迁徙特性，大面积冰排在迁徙过程中如遇阻碍其运动的结构，将会产生冰的堆积和爬坡现象，虽然没有很高的流速和伴随的水位上升，但碎冰有很高的挤压强度和刀刃般的外形，在爬升过程中对阻碍物可能造成严重破坏。

2. 通航环境

1）航路及航行规定

曹妃甸水域于 2009 年建立了船舶定线制和报告制，2018 年交通运输部对其进行了修订，最主要的变化是取消了第三分道通航制，调整为推荐航路，修订后的定线制拓展了航行水域，进(出)港船舶有了更大航行自由度，可以缓解该水域船舶交通流冲突的问题，也有效减轻了警戒区的通航压力。

曹妃甸水域船舶定线制由第一分道通航制、第二分道通航制、推荐航路和一个警戒区组成。

(1) 第一分道通航制

第一分道通航制由分隔带和通航分道组成。

分隔带为以下列地理位置的连线为中心线，长 10 海里，宽 0.5 海里的水域。

X2：38°47′59.40″N/118°45′11.40″E；

X4：38°49′24.60″N/118°32′31.80″E。

通航分道北边界线为下列地理位置的连线：

D：38°49′13.80″N/118°45′25.20″E；

C：38°50′38.40″N/118°32′45.00″E。

通航分道南边界线为下列地理位置的连线：

A：38°46′45.00″N/118°44′57.60″E；

B：38°48′09.60″N/118°32′18.00″E。

西行船舶通航分道为分隔带与分道通航制北边界线之间的水域，长 10 海里，宽 1 海里，船舶主流向为 278°(真航向)。

东行船舶通航分道为分隔带与分道通航制南边界线之间的水域，长 10 海里，宽 1 海里，船舶主流向为 098°(真航向)。

(2) 第二分道通航制

第二分道通航制由分隔带和通航分道组成。

分隔带为以下列地理位置的连线为中心线，长 5 海里，宽 0.5 海里的水域。

X3：38°49′57.60″N/118°27′29.10″E；

X1：38°50′39.00″N/118°21′07.20″E。

通航分道北边界线为下列地理位置的连线：

H：38°51′12.00″N/118°27′42.60″E；

G：38°51′53.40″N/118°21′20.40″E。

通航分道南边界线为下列地理位置的连线：

E：38°48′43.20″N/118°27′15.60″E；

F：38°49′24.60″N/118°20′54.00″E。

西行船舶通航分道为分隔带与分道通航制北边界线之间的水域，长 5 海里，宽 1 海里，船舶主流向为 278°(真航向)。

东行船舶通航分道为分隔带与分道通航制南边界线之间的水域，长 5 海里，宽 1 海里，船舶主流向为 098°(真航向)。

(3) 推荐航路

推荐航路中线为下列地理位置的连线：

L1：38°52′34.15″N/118°29′09.27″E；

L2：38°50′55.93″N/118°30′07.64″E。

船舶驶进曹妃甸港的船舶主流向为 335°(真航向)，船舶驶出曹妃甸港的船舶主流向为 155°(真航向)。

(4) 警戒区

警戒区为下列地理位置的连线依次围成的水域：

B：38°48′09.60″N/118°32′18.00″E；

E：38°48′43.20″N/118°27′15.60″E；

H：38°51′12.00″N/118°27′42.60″E；

C：38°50′38.40″N/118°32′45.00″E。

警戒区为长方形，长 4 海里，宽 2.5 海里。

(5) 特别规定

船舶使用曹妃甸水域船舶定线制，除应遵守《1972 年国际海上避碰规则》第二章第十条的规定外，还应遵守下列规定：

①船舶使用曹妃甸水域船舶定线制，不应穿越通航分道和分隔带，如需穿

越,须先向曹妃甸 VTS 中心报告。

②禁止在警戒区、通航分道及其端部的附近水域锚泊、捕捞和养殖。

③沿推荐航路行驶的船舶禁止追越。

④直靠和驶出曹妃甸港区一、二港池以及一、二港池之间外侧码头的船舶应按推荐航路标示的推荐交通流向行驶。

⑤船舶使用曹妃甸水域船舶定线制,应在甚高频(VHF)08 频道守听。

⑥船舶违反本船舶定线制规定,由海事管理机构依法实施行政处罚。

⑦曹妃甸水域船舶定线制的船舶航行监督管理规定由河北海事局另行发布实施。

2) 船舶流量及船型分析

2018 年曹妃甸港区中区一港池各类货种到港 6 752 艘次,其中散货、杂货、集装箱等主要货类分别到达 4 095 艘次、2 222 艘次、435 艘次。分吨级来看,到港船舶中以 1 万吨级及以下为主,占比 33.27%;分货种看,到港船舶中以散货船居多,占比 60.65%。到港船舶统计见表 4.2-6。

表 4.2-6 2018 年曹妃甸港区中区一港池到港船舶统计表

	散货船(艘次)	杂货船(艘次)	集装箱船(艘次)	合计(艘次)	占比(%)
0.5 万吨级	298	1 223	89	1 610	23.84
1 万吨级	179	275	183	637	9.43
1.5 万吨级	399	505	—	904	13.39
2 万吨级	390	167	159	716	10.60
3 万吨级	—	41	2	43	0.64
3.5 万吨级	1 160	—	—	1 160	17.18
4 万吨级	—	11	—	11	0.16
5 万吨级	1 087	—	2	1089	16.13
7 万吨级	431	—	—	431	6.38
10 万吨级	55	—	—	55	0.81
12 万吨级	15	—	—	15	0.22
15 万吨级	55	—	—	55	0.81
20 万吨级	26	—	—	26	0.39
合计(艘次)	4 095	2 222	435	6 752	100.00
占比(%)	60.65	32.91	6.44	100.00	—

注:表中数据因四舍五入处理而略有出入。

随着我国沿海港口吞吐量和全球海运量的持续增长，曹妃甸港区受大型船舶规模运输效益驱动，到港船舶迅速增加，大型化趋势明显，港区航道日益繁忙。规划泊位全部达产后，预测一港池到港船舶数量为 10 492 艘，吞吐量达 27 905 万 t。

3）助导航设施

（1）导助航设施

一港池共建设有 32 个导助航设施，其中包含 16 座灯桩和 15 座灯浮标，详见表 4.2-7 和表 4.2-8。

表 4.2-7　曹妃甸一港池灯桩信息

灯桩名称	灯高(m)	射程(n mile)
曹妃甸首钢成品油码头灯桩	12.00	7.00
曹妃甸煤二期码头北灯桩	15.03	7.00
曹妃甸一港池防波堤西堤头灯桩	15.00	7.00
曹妃甸一港池防波堤西堤头警示灯桩	10.00	7.00
曹妃甸一港池防波堤东堤头灯桩	15.00	7.00
曹妃甸一港池防波堤东堤头警示灯桩	10.00	7.00
曹妃甸煤码头北灯桩	14.00	7.00
曹妃甸煤码头南灯桩	14.00	7.00
曹妃甸煤码头续建工程码头灯桩	14.00	7.00
曹妃甸港区多用途泊位灯桩	11.00	7.00
曹妃甸通用码头南灯桩	14.00	7.00
曹妃甸 5 万吨级散杂货泊位码头灯桩	8.30	7.00
曹妃甸工作船码头灯桩	10.40	7.00
曹妃甸通用散货泊位南灯桩	14.00	7.00
曹妃甸通用散货泊位北灯桩	14.00	7.00
曹妃甸通用散货工作船泊位灯桩	13.75	7.00

表 4.2-8　灯浮标信息

灯浮标名称	航标类别
曹妃甸 1# 灯浮	右面标

续表

灯浮标名称	航标类别
曹妃甸 2# 灯浮	左面标
曹妃甸 3# 灯浮	右面标
曹妃甸 4# 灯浮	左面标
曹妃甸 5# 灯浮	右面标
曹妃甸 6# 灯浮	东方位标
曹妃甸 6-1# 灯浮	西方位标
曹妃甸 7# 灯浮	西方位标
曹妃甸 9# 灯浮	南方位标
曹妃甸 10# 灯浮	左面标
曹妃甸 11# 灯浮	右面标
曹妃甸 13# 灯浮	右侧标
曹妃甸 15# 灯浮	右侧标
曹妃甸 17# 灯浮	右侧标
曹妃甸 18# 灯浮	南方位标

(2) 拖轮

目前,曹妃甸港区港作拖轮由唐山港曹妃甸拖船有限公司、国投曹妃甸港口有限公司提供,拖船配备如表 4.2-9 所示。

表 4.2-9　唐山港曹妃甸拖船有限公司拖船配备一览表

拖船	船长(m)	船宽(m)	型深(m)	主机马力(hp)	主机转速(r/min)	满载吃水(m)	航速(节)	正拖力(t)	倒拖力(t)	尾拖钩
曹港 1	34	11	5.3	5 222	750	4.23	12	—	61	无
曹港 2	34	11	5.3	5 222	750	4.24	12	—	61	无
曹港 3	34	11	5.3	5 222	750	4.21	12	65	61	有
曹港 5	34	11	5.3	5 222	750	4.21	12	65	61	有
曹港 6	32	10.2	4.5	4 000	750	3.556	12	51	46	有
曹港 7	32	10.2	4.5	4 000	750	3.547	12	51	46	有

续表

拖船	船长(m)	船宽(m)	型深(m)	主机马力(hp)	主机转速(r/min)	满载吃水(m)	航速(节)	正拖力(t)	倒拖力(t)	尾拖钩
曹港 8	36.8	10	4.6	4 000	750	3.6	13.5	52	46	有
曹港 9	35	11	5.3	5 222	750	4.127	13	62	56	有
曹港 10	36.8	10	4.6	4 000	750	3.6	13.5	52	46	有
曹港 11	34	11	5.3	5 222	750	4.243	12.5	65	60	有
曹港 12	34	11	5.3	5 222	750	4.315	12.5	65	60	有
曹港 15	34	11	5.3	5 222	750	4.298	12.5	65	60	有
曹港 16	34	11	5.3	5 222	750	4.193	13.3	—	61	无
曹港 17	36	11	5.3	6 961	750	4.277	12.5	—	75	无
曹港 18	36	11	5.3	6 961	750	4.289	12.5	—	75	无
曹港 19	37.32	10	4.5	3 617	750	3.528	12	—	42.2	无
曹港 20	37.32	10	4.5	4 000	750	3.594	12	—	46	无
曹港 21	36.45	10.2	4.5	4 400	750	3.66	12	—	50	无
曹港 22	36.45	10.2	4.5	4 400	750	3.66	12	—	50	无
曹港 23	37.81	11	5.3	6 963	750	4.42	12	—	75	无
曹港 25	37.32	10	4.5	3 617	750	3.528	12	—	42.2	无
曹港 26	33	12	5.3	5 222	750	4.8	12	—	60	无
国投 1 号	35.0	—	—	5 000	—	—	—		—	
国投 2 号	35.0	—	—	5 000	—	—	—		—	
国投 3 号	34.0	—	—	4 000	—	—	—		—	
国投 5 号	34.0	—	—	4 000	—	—	—		—	
国投 6 号	36.3	—	—	3 600	—	—	—		—	
国投 7 号	36.3	—	—	3 600	—	—	—		—	

注：马力(hp)为功率单位，1 hp≈746 W。

4）安全监管系统

曹妃甸 VTS 中心由雷达系统，VHF 通信系统，信息处理及显示系统，信息传输、记录/重放系统及气象传感系统组成，具备数据收集、数据评估与处理、信息提供、交通组织、助航服务、支持联合行动等功能，VTS 中心保持 24 小时不间断值班。

目前系统规模为“2 站 1 中心”，即第一雷达站（主要覆盖范围为甸头区及定线制部分水域）、煤炭码头雷达站（主要用于覆盖西翼港区码头外航道、一二港池、港区西侧锚地及船舶定线制水域）和曹妃甸 VTS 中心。曹妃甸 VTS 的建设，对于曹妃甸港区及渤海湾西侧水域的水上船舶交通动态管理，维持辖区水域的船舶交通秩序，确保进（出）港航道的畅通，提高船舶进（出）港效率，减少船舶交通事故，防止船舶水上污染，保护水上生态环境，促进唐山港及渤海湾西部水域水上运输事业的发展等都起到了重要作用，具有较好的经济与社会效益。

5）航道维护与通航安全管理机构

中华人民共和国曹妃甸海事局是拟建工程所在水域海事主管机关。曹妃甸海事局依据《中华人民共和国海上交通安全法》《中华人民共和国海洋环境保护法》《中华人民共和国船舶交通管理系统安全监督管理规则》《防治船舶污染海洋环境管理条例》《唐山市海上交通安全和防治船舶污染管理办法》《唐山曹妃甸港区船舶交通管理系统安全监督管理细则》等法律法规，在辖区水域行使水上交通安全和防治船舶污染等行政管理职能，并承担辖区水域海上搜救和溢油应急反应的协调组织工作。

6）水上交通事故统计分析

根据曹妃甸海事局辖区海事事故资料统计，自 2014 年至 2018 年 6 月，辖区水域共发生海上船舶交通事故 39 起，见表 4.2-10。分析其中 23 起事故的调查报告（表 4.2-11），多数事故是由操作不当、不慎疏忽引起，并且多为小事故，事故船舶多为散货船、普通货船。仅在曹妃甸东锚地东南侧水域发生一起涉及 LNG 船舶的事故，事故原因是一艘由天津港驶往葫芦岛港的甲板货驳与一艘驶往天津港的 LNG 船舶均未按照《国际海上避碰规则》相关规定采取避让措施，在航行中两船碰撞，但事故后果轻微，属于小事故，并且属于路过船舶。

表 4.2-10　2014—2018.6 海事事故统计表

时间	事故数量	沉船数量	死亡或失踪人数
2014 年	4	0	0
2015 年	12	0	1
2016 年	8	2	0
2017 年	11	0	0
2018 年	4	0	0

表 4.2-11　部分海事事故情况统计表

事故船舶类型	事故数量	事故原因	事故数量	事故等级	事故数量
散货船	16	操作不当	15	小事故	21
普通货船	4	不慎疏忽	4	一般船舶污染事故	1
集装箱船	1	避让渔船	2	无人员伤亡无污染	1
液体化学品船	1	恶劣天气	1		
LNG 船	1	设备故障	1		
合计	23	合计	23	合计	23

4.2.1.3　综合风险评价

1）实时风险评价

根据项目所在海区的实地情况，经资料分析、数据统计，随机选取 2020 年 7 月某日实测气象水文数据（数据来自中国天气网、中国海洋预报网），模拟 200 000 载重吨集装箱船（设计船型）进港过程（单向通航），跟随船舶运动，分别对船舶航行在老铁山水道、口门区航道、连接段航道、码头前沿航道各位置处进行实时风险评价。10 个影响因素动态取值如表 4.2-12 所示。

表 4.2-12a　老铁山水道实测各要素取值表

指标	$\mathbf{A}_1$					$\mathbf{A}_2$		$\mathbf{A}_3$		
	能见度 b_1	风 b_2	浪 b_3	流 b_4	冰况 b_5	船长/航宽 b_6	水深/吃水 b_7	船舶密度 b_8	交叉汇遇点个数 b_9	导助航 b_{10}
单位	km	级	m	m/s	级	—	—	艘/km^2	个	%
数值	10	5	0.69	0.7	0	0.4	1.5	1	1	98

表 4.2-12b　口门区航道实测各要素取值表

指标	$\mathbf{A}_1$					$\mathbf{A}_2$		$\mathbf{A}_3$		
	能见度 b_1	风 b_2	浪 b_3	流 b_4	冰况 b_5	船长/航宽 b_6	水深/吃水 b_7	船舶密度 b_8	交叉汇遇点个数 b_9	导助航 b_{10}
单位	km	级	m	m/s	级	—	—	艘/km^2	个	%
数值	10	5	0.6	1.2	0	1.06	1.22	1	1	98

表 4.2-12c 连接段航道实测各要素取值表

指标	A_1					A_2		A_3		
	能见度 b_1	风 b_2	浪 b_3	流 b_4	冰况 b_5	船长/航宽 b_6	水深/吃水 b_7	船舶密度 b_8	交叉汇遇点个数 b_9	导助航 b_{10}
单位	km	级	m	m/s	级	—	—	艘/km²	个	%
数值	10	5	0.2	0.1	0	0.56	1.22	1	1	98

表 4.2-12d 码头前沿航道实测各要素取值表

指标	A_1					A_2		A_3		
	能见度 b_1	风 b_2	浪 b_3	流 b_4	冰况 b_5	船长/航宽 b_6	水深/吃水 b_7	船舶密度 b_8	交叉汇遇点个数 b_9	导助航 b_{10}
单位	km	级	m	m/s	级	—	—	艘/km²	个	%
数值	10	5	0.1	0.05	0	1.16	1.22	1	1	98

(1) 老铁山水道通航安全综合评价

根据通航安全综合评价模型算法，首先确定二级评价指标因素的权重 w_i，计算得一级评价指标的综合评价向量 $\boldsymbol{A}_i$ 的隶属度 $\boldsymbol{R}'$：

$\boldsymbol{R}'_1 = W_1 \cdot R_1 = (0.067, 0.067, 0.149, 0.062, 0.005)$

$\boldsymbol{R}'_2 = W_2 \cdot R_2 = (0.109, 0.057, 0.006, 0.000, 0.000)$

$\boldsymbol{R}'_3 = W_3 \cdot R_3 = (0.417, 0.061, 0.000, 0.000, 0.000)$

$\boldsymbol{R}' = (\boldsymbol{R}'_1, \boldsymbol{R}'_2, \boldsymbol{R}'_3)^{\mathrm{T}}$

最后，根据一级评价指标的综合评价向量 $\boldsymbol{A}_i$ 和对应的权重值，计算得工程水域通航安全综合评价结果为：

$\boldsymbol{A} = W \cdot \boldsymbol{R} = (0.241, 0.062, 0.053, 0.022, 0.002)$

采用加权平均法对 $\boldsymbol{A}$ 进行处理：

$$v = \frac{\sum_{j=1}^{5} a_j v_j}{\sum_{j=1}^{5} a_j} = 1.63$$

工程水域的通航安全度约为 1.63，处于“较安全”和“安全”之间，更偏向于“较安全”的等级。

在得到总体评价水平的基础上，分析各一级评价指标对风险度评价的贡献大小，计算结果如表 4.2-13 所示。

表 4.2-13 老铁山水道各一级评价指标风险度(V'_i)计算表

自然条件因素 $\boldsymbol{A}_1$	航道条件因素 $\boldsymbol{A}_2$	交通管理因素 $\boldsymbol{A}_3$
V'_1	V'_2	V'_3
2.63	1.40	1.13

总体来看：自然条件因素风险度处于“一般安全”和“较安全”之间，较偏向于“一般安全”的等级，其中横流作用贡献较大；航道条件、交通管理因素的风险度处于“安全”和“较安全”之间，更偏向于“安全”的等级。将各因素按风险度从小到大排序为：交通管理因素＜航道条件因素＜自然条件因素。

(2) 口门区航道通航安全综合评价

根据通航安全综合评价模型算法，首先确定二级评价指标因素的权重 w_i，计算得一级评价指标的综合评价向量 $\boldsymbol{A}_i$ 的隶属度 $\boldsymbol{R}'$：

$\boldsymbol{R}'_1=W_1 \cdot R_1=(0.067,0.067,0.145,0.055,0.017)$

$\boldsymbol{R}'_2=W_2 \cdot R_2=(0.023,0.069,0.023,0.011,0.046)$

$\boldsymbol{R}'_3=W_3 \cdot R_3=(0.417,0.061,0.000,0.000,0.000)$

$\boldsymbol{R}'=(\boldsymbol{R}'_1,\boldsymbol{R}'_2,\boldsymbol{R}'_3)^{\mathrm{T}}$

最后，根据一级评价指标的综合评价向量 $\boldsymbol{A}_i$ 和对应的权重值，计算得工程水域通航安全综合评价结果为：

$\boldsymbol{A}=W \cdot \boldsymbol{R}=(0.226,0.064,0.055,0.021,0.014)$

采用加权平均法对 $\boldsymbol{A}$ 进行处理：

$$v=\frac{\sum_{j=1}^{5} a_j v_j}{\sum_{j=1}^{5} a_j}=1.77$$

工程水域的通航安全度约为 1.77，处于“较安全”和“安全”之间，更偏向于“较安全”的等级。

在得到总体评价水平的基础上，分析各一级评价指标对风险度评价的贡献大小，计算结果如表 4.2-14 所示。

表 4.2-14 口门区航道各一级评价指标风险度(V'_i)计算表

自然条件因素 $\boldsymbol{A}_1$	航道条件因素 $\boldsymbol{A}_2$	交通管理因素 $\boldsymbol{A}_3$
V'_1	V'_2	V'_3
2.68	2.93	1.13

总体来看：自然条件因素风险度处于“一般安全”和“较安全”之间，较偏向于“一般安全”的等级，其中横流作用贡献较大；航道条件因素的风险度处于“一般安全”和“较安全”之间，更偏向于“一般安全”的等级，其中口门区航宽要素贡献明显；交通管理因素的风险度处于“安全”和“较安全”之间，更偏向于“安全”的等级。将各因素按风险度从小到大排序为：交通管理因素＜自然条件因素＜航道条件因素。

(3) 连接段航道通航安全综合评价

根据通航安全综合评价模型算法，首先确定二级评价指标因素的权重 w_i，计算得一级评价指标的综合评价向量 $\boldsymbol{A}_i$ 的隶属度 $\boldsymbol{R}'$：

$\boldsymbol{R}'_1 = W_1 \cdot R_1 = (0.098, 0.059, 0.145, 0.048, 0.000)$

$\boldsymbol{R}'_2 = W_2 \cdot R_2 = (0.023, 0.080, 0.057, 0.011, 0.000)$

$\boldsymbol{R}'_3 = W_3 \cdot R_3 = (0.417, 0.061, 0.000, 0.000, 0.000)$

$\boldsymbol{R}' = (\boldsymbol{R}'_1, \boldsymbol{R}'_2, \boldsymbol{R}'_3)^{\mathrm{T}}$

最后，根据一级评价指标的综合评价向量 $\boldsymbol{A}_i$ 和对应的权重值，计算得工程水域通航安全综合评价结果为：

$\boldsymbol{A} = W \cdot \boldsymbol{R} = (0.237, 0.064, 0.061, 0.019, 0.000)$

采用加权平均法对 $\boldsymbol{A}$ 进行处理：

$$v = \frac{\sum_{j=1}^{5} a_j v_j}{\sum_{j=1}^{5} a_j} = 1.63$$

工程水域的通航安全度约为 1.63，处于“较安全”和“安全”之间，较偏向于“较安全”的等级。

在得到总体评价水平的基础上，分析各一级评价指标对风险度评价的贡献大小，计算结果如表 4.2-15 所示。

表 4.2-15　连接段航道各一级评价指标风险度(V'_i)计算表

自然条件因素 $\boldsymbol{A}_1$	航道条件因素 $\boldsymbol{A}_2$	交通管理因素 $\boldsymbol{A}_3$
V'_1	V'_2	V'_3
2.41	2.33	1.13

总体来看：自然条件、航道条件因素的风险度处于“较安全”和“一般安全”之间，更偏向于“较安全”的等级；交通管理因素的风险度处于“安全”和“较安全”之

间,更偏向于“安全”的等级。将各因素按风险度从小到大排序为:交通管理因素<航道条件因素<自然条件因素。

(4) 码头前沿航道通航安全综合评价

根据通航安全综合评价模型算法,首先确定二级评价指标因素的权重 w_i,计算得一级评价指标的综合评价向量 $\boldsymbol{A}_i$ 的隶属度 $\boldsymbol{R}'$:

$\boldsymbol{R}'_1=W_1\cdot R_1=(0.098,0.059,0.145,0.048,0.000)$

$\boldsymbol{R}'_2=W_2\cdot R_2=(0.023,0.069,0.023,0.011,0.046)$

$\boldsymbol{R}'_3=W_3\cdot R_3=(0.417,0.061,0.000,0.000,0.000)$

$\boldsymbol{R}'=(\boldsymbol{R}'_1,\boldsymbol{R}'_2,\boldsymbol{R}'_3)^{\mathrm{T}}$

最后,根据一级评价指标的综合评价向量 $\boldsymbol{A}_i$ 和对应的权重值,计算得工程水域通航安全综合评价结果为:

$\boldsymbol{A}=W\cdot\boldsymbol{R}=(0.237,0.062,0.055,0.019,0.008)$

采用加权平均法对 $\boldsymbol{A}$ 进行处理:

$$v=\frac{\sum_{j=1}^{5}a_j v_j}{\sum_{j=1}^{5}a_j}=1.68$$

工程水域的通航安全度约为 1.68,处于“较安全”和“安全”之间,更偏向于“较安全”的等级。

在得到总体评价水平的基础上,分析各一级评价指标对风险度评价的贡献大小,计算结果如表 4.2-16 所示。

表 4.2-16 码头前沿航道各一级评价指标风险度($\boldsymbol{V}'_i$)计算表

自然条件因素 $\boldsymbol{A}_1$	航道条件因素 $\boldsymbol{A}_2$	交通管理因素 $\boldsymbol{A}_3$
V'_1	V'_2	V'_3
2.41	2.93	1.13

总体来看:自然条件因素风险度处于“一般安全”和“较安全”之间,较偏向于“较安全”的等级;航道条件因素的风险度处于“一般安全”和“较安全”之间,更偏向于“一般安全”的等级,其中航宽要素贡献明显;交通管理因素的风险度处于“安全”和“较安全”之间,更偏向于“安全”的等级。将各因素按风险度从小到大排序为:交通管理因素<自然条件因素<航道条件因素。

2）通航安全预报

假定设计船型于2020年7月20日—22日期间到达该海区，通过老铁山水道进入曹妃甸港区航道完成进港作业，首先通过坐标进行2日内潮位预测，计算乘潮水位，得出水深适航时段；然后综合该处潮流预报、气象预报、波浪预报等数据，通过综合评价计算，进行风险预报，预报结果可以帮助船方、码头管理方、引航站等掌握近期通航环境变化，推荐适航时段，为最终进港方案的决策提供科学依据。

4.2.2 天津港超大型船舶通航安全综合评价

4.2.2.1 概述

1）港区

根据《关于天津港总体规划（2011—2030）的批复》，天津港港口规划“一港八区”的空间布局，即北疆港区、南疆港区、东疆港区、大沽口港口、高沙岭港区、大港港区、北塘港区、海河港区。

2）航道

（1）航道现状

①天津港航道

天津港航道总长达49 km，包括闸东航道和主航道。其中闸东航道里程为2.6 km，主航道总里程为46.4 km。天津港航道口门位置在16+000处，口门宽度1 100 m。天津港航道轴线方位为：

里程0+000－4+234为293°53′56.9″～113°53′56.9″；

里程4+234－13+493为281°04′17.7″～101°04′17.7″；

里程13+493—23+924为279°38′56.3″～99°38′56.3″；

里程23+924～36+000为281°04′17.7″～101°04′17.7″；

里程36+000～45+500为306°04′17.7″～126°04′17.7″。

天津港航道主要参数见表4.2-17。

表4.2-17 天津港航道现状主要参数一览表

航道名称	航道里程（km）	长度（m）	设计底标高（m）	宽度（m）	通航等级（船舶吨级DWT）
闸东航道	0+000～1+100	1 100	－5.0	60	3 000
闸东航道	1+100～2+600	1 500	－6.0	60	10 000

续表

航道名称	航道里程(km)	长度(m)	设计底标高(m)	宽度(m)	通航等级(船舶吨级 DWT)
主航道	2+600～4+000	1 400	−14.0	150	70 000
	4+000～7+100	2 100	−17.4	234	150 000
	7+100～12+200	5 100	−18.5	430	200 000
	12+200～36+000	23 800	−19.5	420	250 000
			−21.0	407	300 000
			−22.0	397	300 000
	36+000～44+000	8 000	−19.5	315	250 000
	36+000～45+500	9 500	−21.0	330	300 000
	36+000～49+000	13 000	−22.0	320	300 000

②复式航道

天津港复式航道于 2014 年 1 月 1 日起试通航，复式航道是由警戒区、部分天津港主航道（航道里程 22＋465～13＋910 km，即 29 号灯浮至 39 号灯浮）和南北两侧小船航道构成的可供船舶进（出）港航行的水域。

复式航道是在天津港主航道的基础上，南北两侧各增加一条万吨级航行航道，新设和调整浮标 56 座，将主航道拓宽至 420 m。通过制作高精度复式航道专用图和《天津港复式航道船舶航行规则（试行）》用户指南，实现大型船舶和小型船舶分流，确保了天津港主航道具备“北进南出、双进双出”的通航条件。

“北侧小船航道”是指主航道北侧小型船舶进港航道，航道起点位于 N29 号浮标（航道里程 22＋465），航道终点位于 N39 号灯浮（航道里程 13＋910）；“南侧小船航道”是指主航道南侧小型船舶出港航道，航道起点位于 S30 号浮标（航道里程 22＋465），航道终点位于 S40 号灯浮（航道里程 13＋910）。

“北报告线”是指东突堤工作船码头北灯桩与东疆港区预制场码头南端点的连线。“西报告线”是指东突堤工作船码头南灯桩与南疆 9 号煤炭码头东端点之间的连线。

③北航道

北港池内船舶经由主航道到达东突堤后，由北航道进入北港池区域。主航道与北港池衔接水域的宽度为 320 m，欧亚国际集装箱码头港池水域以南的北航道宽度为 390 m，底标高为－15.5 m，欧亚国际港池水域以北的北航道宽度为 185 m，底标高为－15.5 m。

(2) 航道规划

根据《关于天津港总体规划(2011—2030)的批复》,规划的航道等级见表4.2-18。

表 4.2-18　天津港航道规划表

	天津港主航道	大沽沙航道	高沙岭港区航道	大港港区航道	北塘港区航道
通航等级(万吨)	30	10	10	10	10

天津主航道规划为30万吨级,并兼顾25万吨油轮与10万吨集装箱船双向通航的要求。

4.2.2.2　外部环境

1) 自然条件

(1) 风

对多年每日24次风速、风向观测资料进行统计,塘沽海域各向、各级风的出现频率及各向平均、最大风速见表4.2-19,各向、各级风的频率玫瑰图见图4.2-6。

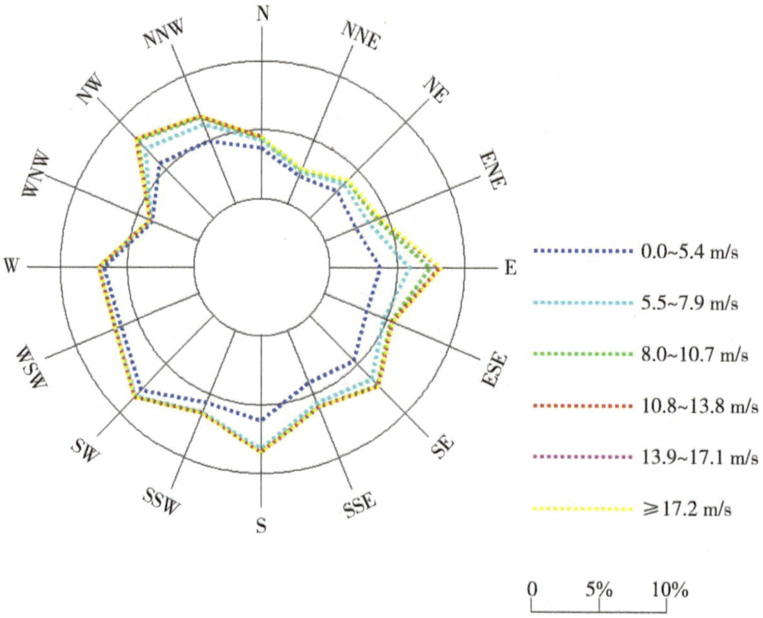

图 4.2-6　塘沽海域风玫瑰图

表 4.2-19 塘沽海域风频率统计表

单位：%

		N	NNE	NE	ENE	E	ESE	SE	SSE	S	SSW	SW	WSW	W	WNW	NW	NNW	C	合计
风速(m/s)	0.0～5.4	3.67	2.18	2.86	2.52	3.79	3.38	4.61	4.05	6.15	5.65	7.65	6.33	6.80	3.70	5.69	4.96	0.73	74.77
	5.5～7.9	0.59	0.34	0.73	1.01	2.12	1.37	1.91	1.60	2.05	0.76	0.65	0.46	0.35	0.18	1.55	1.28	0.00	16.95
	8.0～10.7	0.18	0.15	0.31	0.63	1.49	0.58	0.60	0.34	0.29	0.07	0.04	0.03	0.02	0.03	0.73	0.54	0.00	6.03
	10.8～13.8	0.05	0.05	0.08	0.24	0.70	0.12	0.06	0.02	0.02	0.00	0.00	0.00	0.00	0.00	0.20	0.11	0.00	1.65
	13.9～17.1	0.00	0.01	0.01	0.05	0.15	0.01	0.00	0.00	0.00	0.00	0.00	0.00	0.00	0.00	0.02	0.02	0.00	0.27
	≥17.2	0.00	0.00	0.00	0.01	0.01	0.00	0.00	0.00	0.00	0.00	0.00	0.00	0.00	0.00	0.00	0.00	0.00	0.02
合计		4.49	2.73	4.99	4.46	8.26	5.46	7.18	6.01	8.51	6.48	8.34	6.82	7.17	3.91	8.19	6.91	0.73	100
平均风速(m/s)		3.6	3.7	4.2	5.4	6.2	5.0	4.8	4.5	4.4	3.7	3.3	3.1	3.0	2.6	4.4	4.4	—	—
最大风速(m/s)		15.4	17.6	21.6	19.7	20.3	19.8	18.5	18.8	20.2	16.4	12.5	17.8	14.6	15.8	18.4	17.5	—	—

注：表中数据因四舍五入处理而略有出入。

由以上图表可以看出：天津港附近海域风向比较分散，各向出现频率均不超过 10%。相对而言，S、SW、E、NW 向的出现频率较高，均超过 8%；SE 向与 W 向也超过了 7%。统计得到平均风速为 4.2 m/s，其中 E 向最大，为 6.2 m/s；ENE 向次之，为 5.4 m/s。大风多发生于 E 和 ENE 向。统计得到最大风速为 21.6 m/s，发生在 NE 向；次最大风速为 20.3 m/s，发生在 E 向。低于 5.4 m/s 风速的出现频率最大，达 75%，超过 10.8 m/s 风速的出现频率约为 2%。

(2) 降水

年平均降水量：413.3 mm；

年最大降水量：515.9 mm；

年最小降水量：194.7 mm；

日最大降水量：157.2 mm；

（注：1975 年 7 月 30 日曾出现一日最大降水量 191.5 mm。）

降水强度≥小雨平均每年 54.3 个降水日；

降水强度≥中雨平均每年 12.3 个降水日；

降水强度≥大雨平均每年 4.5 个降水日；

降水强度≥暴雨平均每年 1.0 个降水日。

本海区降水有显著的季节变化，雨量多集中于每年的 7 月、8 月，这两个月的降水量为全年降水量的 49.1%，而每年 12 月至翌年 3 月的降水极少，4 个月的总降水量仅为全年降水量的 3.4%左右。

(3) 雾及能见度

根据塘沽海洋站多年资料分析，该海域年均雾日为 16.6 天，雾多发生在每年的秋冬季，每年 12 月与翌年 1 月的大雾日约为全年大雾日的 40%左右，最长的延时可达 24 小时以上。

按能见度≤1 km 的大雾实际出现时间统计，平均每年为 8.7 天。

(4) 气温

根据天津塘沽海洋站多年实测值进行特征值的统计与分析。

年平均气温：13.6℃；

年平均最高气温：16.7℃；

年平均最低气温：11.2℃；

极端最高气温：40.9℃；

极端最低气温：−15.4℃。

（注：1953 年 1 月 17 日曾出现最低气温−18.3℃。）

(5) 潮位

①基准面换算关系

天津港理论最低潮面与当地平均海面的关系如图 4.2-7 所示。

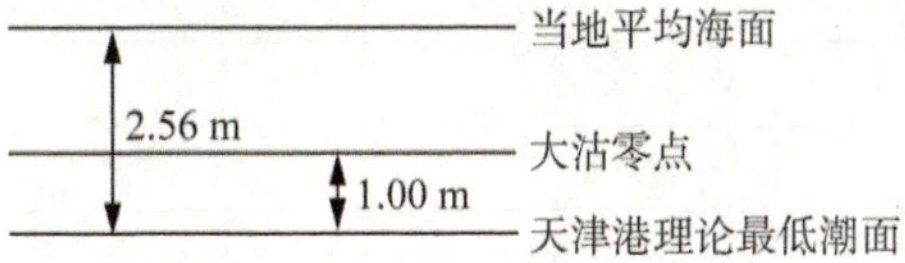

图 4.2-7 各基准面之间关系图

②潮型

本区潮汐性质为不规则半日潮，每日两潮，滞后 45 min，一般涨潮时间为 5.5 h，退潮时间为 7 h，一般潮差为 2～3 m，最大可达 4 m。

③潮位特征值

根据塘沽海洋站实测资料统计(以天津港理论最低潮面起算，下同)：

历年最高高潮位：5.81 m(1992 年 9 月 1 日)；

历年最低低潮位：－1.03 m(1968 年 11 月 10 日)；

(注：1957 年 12 月 18 日出现最低低潮位－1.08 m。)

历年平均高潮位：3.74 m；

历年平均低潮位：1.34 m；

历年平均海平面：2.56 m；

历年最大潮差：4.37 m(1980 年 10 月)；

历年平均潮差：2.40 m。

④设计水位

设计高水位：4.30 m；

设计低水位：0.50 m；

极端高水位：5.88 m；

极端低水位：－1.29 m。

⑤乘潮水位

全年乘潮水位见表 4.2-20。

考虑到我国北方海区潮位季节变化，冬三月(12 月、1 月、2 月)乘潮水位见表 4.2-21。

表 4.2-20　全年乘潮水位表　　单位：m

乘潮历时	保证率		
	80%	85%	90%
乘潮 1 小时	3.36	3.26	3.14
乘潮 2 小时	3.26	3.16	3.04
乘潮 3 小时	3.12	3.01	2.89
乘潮 4 小时	2.93	2.82	2.71

表 4.2-21　冬三月(12 月、1 月、2 月)乘潮水位表　　单位：m

乘潮历时	保证率		
	80%	85%	90%
乘潮 1 小时	3.19	3.05	2.91
乘潮 2 小时	3.08	2.94	2.81
乘潮 3 小时	2.94	2.82	2.68
乘潮 4 小时	2.76	2.63	2.50

(6) 潮流

根据最新实测水文潮汐资料统计分析，天津港海流主要特征如下：

①天津港海区近海潮流基本属于往复流性质，涨潮呈 NW 向，落潮呈 SE 向，在近岸靠近河口及工程区域内的流向有所变化。

②涨潮流速大于落潮流速，各点平均涨潮流速为 0.15～0.33 m/s，平均落潮流速为 0.07～0.27 m/s，潮流动力较弱。

③海区流速呈外海大于近岸的分布规律，各季基本一致，即在 2 m 水深处平均流速为 0.19 m/s，在 4.5 m 水深处平均流速为 0.22 m/s，至 7.0 m 水深处平均流速增长为 0.25 m/s。

(7) 波浪

根据海洋站波浪观测资料，本海区外海常浪向为 ENE 向和 E 向，频率分别为 9.68%和 9.53%；强浪向为 ENE 向，该向 $H_{4\%}\geqslant 1.6$ m 的波高频率为 1.35%，全年 $\overline{T}\geqslant 5.0$ s 的频率为 6.09%，全年 $\overline{T}\geqslant 6.0$ s 的频率为 1.92%，全年 $\overline{T}\geqslant 7.0$ s 的频率仅为 0.33%；各方向 $H_{4\%}\geqslant 1.6$ m 的波高频率为 5.12%，$H_{4\%}\geqslant 2.0$ m 的波高频率为 2.38%。详见波高玫瑰图 4.2-8 和波高频率统计表 4.2-22。

表 4.2-22 塘沽海洋站波高频率统计表 单位:%

波向	$H_{4\%}$					合计
	≤0.7 m	0.8～1.2 m	1.3～1.5 m	1.6～1.9 m	≥2.0 m	
N	2.82	1.13	0.58	0.43	0.15	5.12
NNE	2.85	1.04	0.37	0.25	0.18	4.69
NE	4.53	1.65	0.67	0.25	0.61	7.72
ENE	4.72	2.21	1.41	0.74	0.61	9.68
E	5.70	2.51	0.74	0.25	0.34	9.53
ESE	8.00	0.83	0.15	0.12	—	9.10
SE	6.00	0.28	0.15	—	—	6.43
SSE	3.98	0.37	—	—	—	4.35
S	3.37	0.06	—	—	—	3.43
SSW	7.54	1.41	—	—	—	8.95
SW	6.74	0.98	0.15	0.03	—	7.90
WSW	3.65	0.37	0.03	—	—	4.04
W	1.26	0.18	—	—	—	1.44
WNW	1.93	0.31	0.06	0.03	—	2.33
NW	1.93	0.49	0.18	0.12	0.18	2.91
NNW	3.16	1.07	0.61	0.52	0.31	5.67
C	6.71	—	—	—	—	6.71
合计	74.89	14.89	5.10	2.74	2.38	100

注:表中数据因四舍五入处理而略有出入。

(8) 冰况

天津港海域每年有不同程度的海冰出现,初冰日在 12 月下旬,终冰日在 2 月下旬,总冰期约 60 天。据多年资料统计,严重冰期年平均仅为 10 天,其中 1 月中旬至 2 中旬冰况最严重,正常年份海冰对港口营运及船舶航行影响不大。

在特殊年份,如 1969 年 2 月—3 月渤海发生了自有记录以来未曾有过的严重冰封,整个渤海湾几乎全被冰所覆盖,大部分船只被封在港内。2010 年初,渤海湾也出现大面积冰封,45%的海域被冰层覆盖,最大冰厚超过 30 cm。天津港船闸以东水域冰厚达 5～15 cm,受浮冰积压及大风影响,天津港锚地水域多次出现航标移位、大船走锚、主机故障、航行困难等险情、事故,严重危及通航安全和进(出)港大船动态的顺利实施。

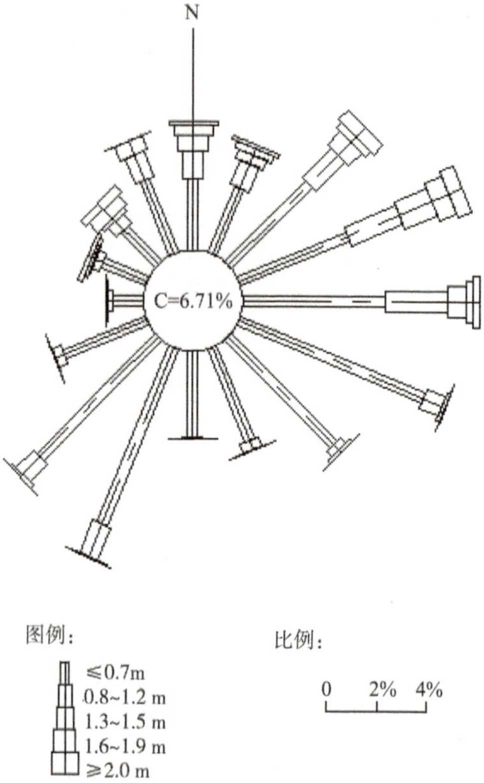

图 4.2-8　塘沽海洋站波玫瑰图

2）交通条件

(1) 交通流统计分析

天津港 2019 年第一季度主航道 AIS 航迹分布和北航道交通流门线统计图分别如图 4.2-9 和图 4.2-10 所示。

①交通量

天津港主航道 2019 年第一季度进(出)港船舶总数 11 437 艘次，日均 127.1 艘次。其中，进(出)港船舶分别为 5 540 艘次和 5 897 艘次，日均分别为 61.6 艘次和 65.5 艘次。

天津港北航道 2019 年第一季度进(出)港船舶总数 11 567 艘次，日均 128.5 艘次。其中，进(出)港船舶分别为 5 794 艘次和 5 773 艘次，日均分别为 64.4 艘次和 64.1 艘次。

②船舶种类分布

2019 年第一季度，天津港主航道进(出)港客船、货船、非运输船、油船和危险品船各为 114 艘次、4 281 艘次、4 649 艘次、1 707 艘次和 686 艘次，分别占该航道进(出)港船舶总数的 1.0%、37.4%、40.6%、14.9%和 6.0%(图 4.2-11)。

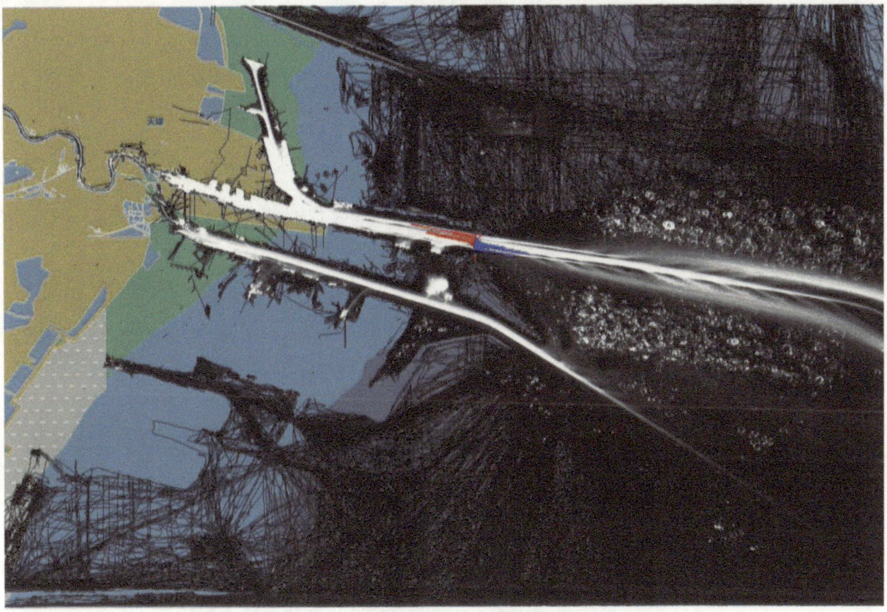

图 4.2-9 主航道航迹分布图(2019 年第一季度)

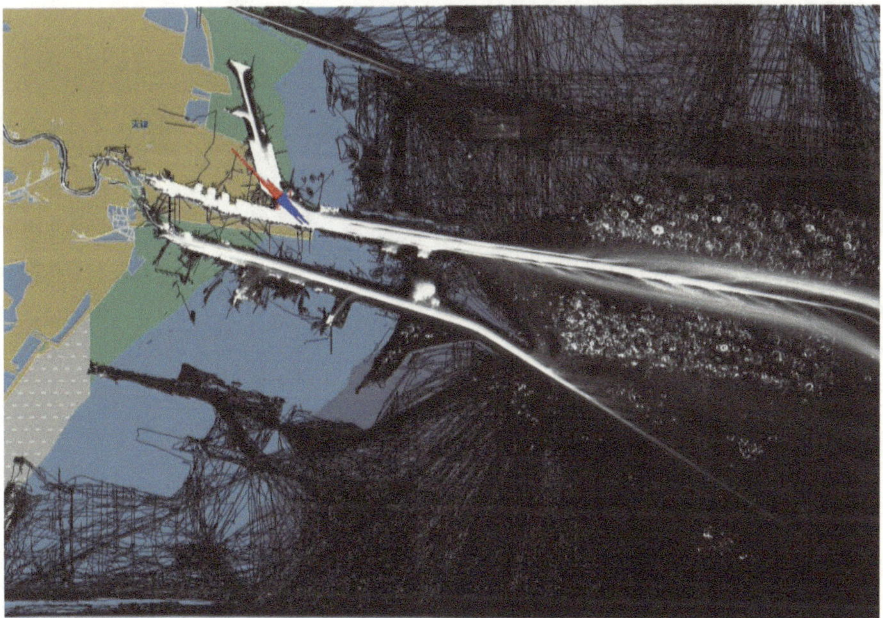

图 4.2-10 北航道交通流门线统计图(2019 年第一季度)

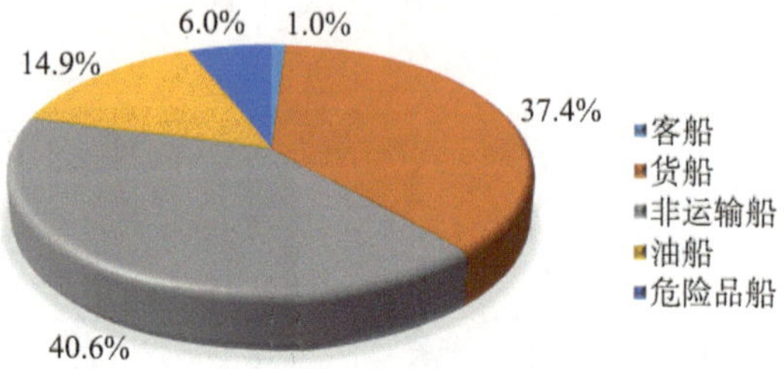

图 4.2-11　天津港主航道 2019 年第一季度进(出)港船舶种类分布图

天津港北航道 2019 年第一季度进(出)港客船、货船、非运输船、油船和危险品船各为 6 艘次、1 857 艘次、8 643 艘次、554 艘次和 507 艘次，分别占进(出)港船舶总数的 0.1%、16.1%、74.7%、4.8%和 4.4%(图 4.2-12)。

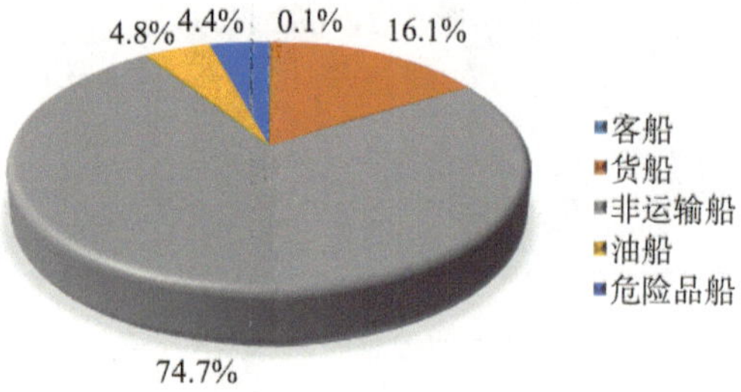

图 4.2-12　天津港北航道 2019 年第一季度进(出)港船舶种类分布图

③船长分布

2019 年第一季度，天津港主航道进(出)港船舶总数 11 437 艘次，日均 127.1 艘次。其中，船长为小于 90 m、90～150 m、150～200 m、200～300 m 和 300 m 以上进(出)港船舶总数分别为 5 966 艘次、2 128 艘次、1 778 艘次、1 081 艘次和 484 艘次，日均进(出)港总数分别为 66.3 艘次、23.6 艘次、19.8 艘次、12.0 艘次和 5.4 艘次，分别占进(出)港船舶总数的 52.2%、18.6%、15.5%、9.5%和 4.2%(图 4.2-13)。

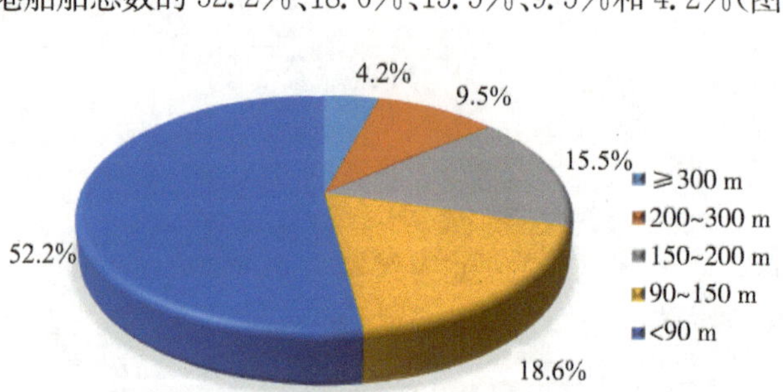

图 4.2-13　天津港主航道 2019 年第一季度进(出)港船舶船长分布图

2019 年第一季度，天津港北航道进(出)港船舶总数 11 567 艘次，日均 128.5 艘次。其中，船长为小于 90 m、90～150 m、150～200 m、200～300 m 和 300 m 以上进(出)港船舶总数分别为 9 222 艘次、760 艘次、640 艘次、572 艘次和 373 艘次，日均进(出)港总数分别为 102.5 艘次、8.4 艘次、7.1 艘次、6.4 和 4.1 艘次，分别占进(出)港船舶总数的 79.7%、6.6%、5.5%、5.0%和 3.2%(图 4.2-14)。

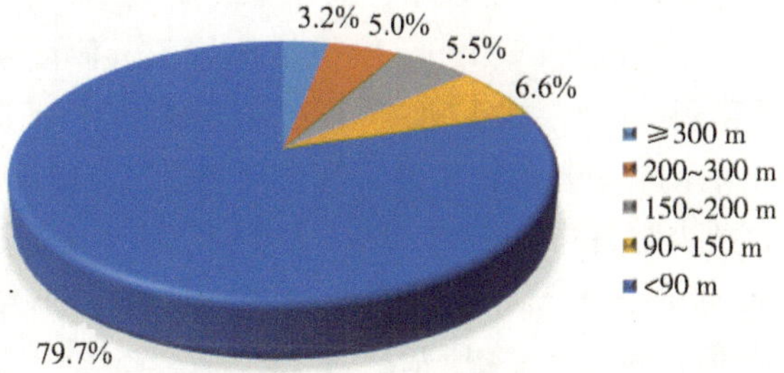

图 4.2-14 天津港北航道 2019 年第一季度进(出)港船舶船长分布图

(2) 交通事故统计分析

据调研，天津海事局辖区 2016 年、2017 年和 2018 年的交通事故数分别为 25 起、16 起和 12 起，3 年共发生各种等级、各种类水上交通事故 53 起。

表 4.2-23 天津海事局辖区 2016—2018 年交通事故一览表

序号	事故种类	事故数量	事故等级			
			小事故	一般事故	较大事故	重大事故
1	碰撞	24	23	1	0	0
2	搁浅	4	4	0	0	0
3	触礁	0	0	0	0	0
4	触碰	6	5	1	0	0
5	浪损	0	0	0	0	0
6	火灾/爆炸	2	1	1	0	0
7	风灾	2	2	0	0	0
8	自沉	6	3	2	1	0
9	其他	9	5	4	0	0
合计		53	43	9	1	0

4.2.2.3 综合风险评价

利用超大型船舶通航安全综合评价与预报平台对天津港的超大型船舶主力

船型进行了模拟状态下的实时风险评价和预报。随机选取 2020 年 7 月某日实测气象水文数据(数据来自中国天气网、中国海洋预报网),分别对天津港的 LNG 船、超大型油轮、超大型集装箱船进行风险评价。

1) LNG 船

天津港已建的 LNG 码头有大沽口港区的中国海油天津 LNG 码头和大港港区的中国石化 LNG 码头。本节以中国海油天津 LNG 码头为例,说明航行过程中的风险位置。中国海油天津 LNG 项目站址位于天津港南疆港区,是国内第一个浮式 LNG 项目,天津浮式 LNG 项目已建 LNG 泊位两座,其中一座用于停靠 FSRU(浮式储存再气化装置),另一座用于停靠 LNG 船接卸 LNG,LNG 泊位等级按照大沽沙航道可通航 10 万 m^3 的 LNG 船进行设计,兼顾最小 10 000 m^3 的 LNG 船。根据设计船型尺度和港口航道数据,结合气象数据,10 个影响因素动态取值如表 4.2-24 所示。

表 4.2-24　LNG 船实测各要素取值表

指标	$\boldsymbol{A}_1$					$\boldsymbol{A}_2$		$\boldsymbol{A}_3$		
	能见度 b_1	风 b_2	浪 b_3	流 b_4	冰况 b_5	船长/航宽 b_6	水深/吃水 b_7	船舶密度 b_8	交叉汇遇点个数 b_9	导助航 b_{10}
单位	km	级	m	m/s	级	—	—	艘/km^2	个	%
数值	15	4	0.4	0.3	0	0.79	1.35	1	0	98

根据通航安全综合评价模型算法,首先确定二级评价指标因素的权重 w_i,计算得一级评价指标的综合评价向量 $\boldsymbol{A}_i$ 的隶属度 $\boldsymbol{R}'$:

$\boldsymbol{R}'_1=W_1 \cdot R_1=(0.076,0.081,0.145,0.048,0.000)$

$\boldsymbol{R}'_2=W_2 \cdot R_2=(0.092,0.023,0.000,0.011,0.046)$

$\boldsymbol{R}'_3=W_3 \cdot R_3=(0.417,0.061,0.000,0.000,0.000)$

$\boldsymbol{R}'=(\boldsymbol{R}'_1,\boldsymbol{R}'_2,\boldsymbol{R}'_3)^{\mathrm{T}}$

最后,根据一级评价指标的综合评价向量 $\boldsymbol{A}_i$ 和对应的权重值,计算得工程水域通航安全综合评价结果为:

$\boldsymbol{A}=\boldsymbol{W} \cdot \boldsymbol{R}=(0.242,0.061,0.051,0.019,0.008)$

采用加权平均法对 $\boldsymbol{A}$ 进行处理:

$$v=\frac{\sum_{j=1}^{5} a_j v_j}{\sum_{j=1}^{5} a_j}=1.66$$

工程水域的通航安全度约为 1.66，处于“较安全”和“安全”之间，更偏向于“较安全”的等级。

在得到总体评价水平的基础上，分析各一级评价指标对风险度评价的贡献大小，计算结果如表 4.2-25 所示。

表 4.2-25　LNG 船各一级评价指标风险度(V'_i)计算表

自然条件因素 $\boldsymbol{A}_1$	航道条件因素 $\boldsymbol{A}_2$	交通管理因素 $\boldsymbol{A}_3$
V'_1	V'_2	V'_3
2.47	2.40	1.13

总体来看：自然条件、航道条件因素风险度处于“一般安全”和“较安全”之间，较偏向于“较安全”的等级；交通管理因素的风险度处于“安全”和“较安全”之间，更偏向于“安全”的等级。将各因素按风险度从小到大排序为：交通管理因素＜航道条件因素＜自然条件因素。

2）大型油轮

目前，天津港超大型原油码头主要为天津港实华原油码头（南疆港区 30# 泊位），该码头位于天津港南疆港区北侧岸线东侧，可停靠 30 万吨级油轮。根据设计船型尺度和港口航道数据，结合气象数据，10 个影响因素动态取值如表 4.2-26 所示。

表 4.2-26　大型油轮实测各要素取值表

指标	$\boldsymbol{A}_1$					$\boldsymbol{A}_2$		$\boldsymbol{A}_3$		
	能见度 b_1	风 b_2	浪 b_3	流 b_4	冰况 b_5	船长/航宽 b_6	水深/吃水 b_7	船舶密度 b_8	交叉汇遇点个数 b_9	导助航 b_{10}
单位	km	级	m	m/s	级	—	—	艘/km²	个	%
数值	15	4	0.4	0.1	0	0.82	0.91	1	0	98

根据通航安全综合评价模型算法，首先确定二级评价指标因素的权重 w_i，计算得一级评价指标的综合评价向量 $\boldsymbol{A}_i$ 的隶属度 $\boldsymbol{R}'$：

$$\boldsymbol{R}'_1 = W_1 \cdot R_1 = (0.088, 0.069, 0.145, 0.048, 0.000)$$

$$\boldsymbol{R}'_2 = W_2 \cdot R_2 = (0.023, 0.069, 0.023, 0.011, 0.046)$$

$$\boldsymbol{R}'_3 = W_3 \cdot R_3 = (0.417, 0.061, 0.000, 0.000, 0.000)$$

$$\boldsymbol{R}' = (\boldsymbol{R}'_1, \boldsymbol{R}'_2, \boldsymbol{R}'_3)^{\mathrm{T}}$$

最后，根据一级评价指标的综合评价向量 $\boldsymbol{A}_i$ 和对应的权重值，计算得工程水域通航安全综合评价结果为：

$\boldsymbol{A}=W\cdot\boldsymbol{R}=(0.234,0.065,0.055,0.019,0.008)$

采用加权平均法对 **A** 进行处理：

$$v=\frac{\sum_{j=1}^{5}a_j v_j}{\sum_{j=1}^{5}a_j}=1.69$$

工程水域的通航安全度约为 1.69，处于“较安全”和“安全”之间，更偏向于“较安全”的等级。

在得到总体评价水平的基础上，分析各一级评价指标对风险度评价的贡献大小，计算结果如表 4.2-27 所示。

表 4.2-27　大型油轮各一级评价指标风险度(V'_i)计算表

自然条件因素 $\boldsymbol{A}_1$	航道条件因素 $\boldsymbol{A}_2$	交通管理因素 $\boldsymbol{A}_3$
V'_1	V'_2	V'_3
2.44	2.93	1.13

总体来看：自然条件因素风险度处于“一般安全”和“较安全”之间，较偏向于“较安全”的等级；航道条件因素风险度处于“一般安全”和“较安全”之间，较偏向于“一般安全”的等级，其中 b_6(船长/航宽)要素贡献较大；交通管理因素的风险度处于“安全”和“较安全”之间，更偏向于“安全”的等级。将各因素按风险度从小到大排序为：交通管理因素＜自然条件因素＜航道条件因素。

3）大型集装箱船

天津港大型集装箱码头主要集中在北疆港区北港内，超过 10 万吨级的集装箱码头有太平洋国际集装箱码头、欧亚国际集装箱码头、联盟国际码头、五洲国际码头、东方海陆集装箱码头等，最大可停靠 20 万吨集装箱船。根据设计船型尺度和港口航道数据，结合气象数据，10 个影响因素动态取值如表 4.2-28 所示。

表 4.2-28　大型集装箱船实测各要素取值表

指标	$\boldsymbol{A}_1$					$\boldsymbol{A}_2$		$\boldsymbol{A}_3$		
	能见度 b_1	风 b_2	浪 b_3	流 b_4	冰况 b_5	船长/航宽 b_6	水深/吃水 b_7	船舶密度 b_8	交叉汇遇点个数 b_9	导助航 b_{10}
单位	km	级	m	m/s	级	—	—	艘/km^2	个	%
数值	15	4	0.4	0.1	0	0.98	1.28	1	1	98

根据通航安全综合评价模型算法，首先确定二级评价指标因素的权重 w_i，计算得一级评价指标的综合评价向量 $\boldsymbol{A}_i$ 的隶属度 $\boldsymbol{R}'$：

$\boldsymbol{R}'_1 = W_1 \cdot R_1 = (0.088, 0.069, 0.145, 0.048, 0.000)$

$\boldsymbol{R}'_2 = W_2 \cdot R_2 = (0.023, 0.069, 0.023, 0.011, 0.046)$

$\boldsymbol{R}'_3 = W_3 \cdot R_3 = (0.417, 0.061, 0.000, 0.000, 0.000)$

$\boldsymbol{R}' = (\boldsymbol{R}'_1, \boldsymbol{R}'_2, \boldsymbol{R}'_3)^{\mathrm{T}}$

最后，根据一级评价指标的综合评价向量 $\boldsymbol{A}_i$ 和对应的权重值，计算得工程水域通航安全综合评价结果为：

$\boldsymbol{A} = \boldsymbol{W} \cdot \boldsymbol{R} = (0.234, 0.065, 0.055, 0.019, 0.008)$

采用加权平均法对 $\boldsymbol{A}$ 进行处理：

$$v = \frac{\sum_{j=1}^{5} a_j v_j}{\sum_{j=1}^{5} a_j} = 1.69$$

工程水域的通航安全度约为 1.69，处于“较安全”和“安全”之间，更偏向于“较安全”的等级。

在得到总体评价水平的基础上，分析各一级评价指标对风险度评价的贡献大小，计算结果如表 4.2-29 所示。

表 4.2-29　大型集装箱船各一级评价指标风险度($\boldsymbol{V}'_i$)计算表

自然条件因素 $\boldsymbol{A}_1$	航道条件因素 $\boldsymbol{A}_2$	交通管理因素 $\boldsymbol{A}_3$
V'_1	V'_2	V'_3
2.44	2.93	1.13

总体来看：自然条件因素风险度处于“一般安全”和“较安全”之间，较偏向于“较安全”的等级；航道条件因素风险度处于“一般安全”和“较安全”之间，较偏向于“一般安全”的等级，其中 b_6(船长/航宽)要素贡献较大；交通管理因素的风险度处于“安全”和“较安全”之间，更偏向于“安全”的等级。将各因素按风险度从小到大排序为：交通管理因素＜自然条件因素＜航道条件因素。

5

结语

5.1 科学技术要点

(1) 本书揭示了超长航道潮流传播随船舶行进的发展规律，提出一种超长航路乘潮水位计算方法。

(2) 本书构建了操纵-风浪流耦合的高效、高精度数学模型；提出了超大型船舶作业限制条件及拖轮配置的安全管控体系。

(3) 本书建立了超大型船舶通航安全预测模型；研发了超大型船舶通航安全综合评价与预报平台。

5.2 经济效益与社会效益分析

海上运输是交通运输的重要组成部分，在促进外贸运输发展和推动对外贸易增长等方面以其他运输方式不可比拟的优势发挥出越来越重要的作用，伴随着近年来全球海上贸易需求量的日渐提高，船舶也渐渐向着大型化的方向迅速发展。快速发展的超大型船舶(16 万吨级及以上的油轮、船长超过 300 m 的散货船、万吨级集装箱船及承载能力达 21 万 m^3 的 LNG 船舶等)成为航运的主力军。以散货船为例，大型散货船(VLBC)、超大型散货船(ULBC)也慢慢地引起了人们的关注。根据有关部门的资料统计，近十几年来，我国大型船舶所增加的吨位约占远洋船舶总吨位的 18%，其中大型散货船的增长尤其快，并且散货船的平均吨位依然在持续增加。不同类型货物都在扩大运输能力，灵便型、大型灵便型、巴拿马型和好望角型散货船的载重量都有明显的增加趋势。从世界范围来看，船东也越来越偏好于大吨位的散货船，散货船的大型化已然成为了船舶建造和航运市场的主流。

2011 年 7 月，巴西淡水河谷公司在华定制的首艘 40 万吨超大型矿砂船(VLOC)下水。2014 年 9 月，中远散货运输(集团)有限公司(简称中远散运)与淡水河谷公司在北京签署合作框架协议，淡水河谷将为中远散运提供 25 年矿石运输合同，中远散运将相应地为淡水河谷定制 10 艘大型矿砂船并收购淡水河谷所拥有的 4 艘大型矿砂船。2015 年 2 月，交通运输部印发了《40 万吨散货船设计船型尺度及相关设计规定》，为淡水河谷 40 万吨船舶航行于中国海域及建设 40 万吨码头提供了技术依据。

为保障超大型船舶安全通航，交通运输部天津水运工程科学研究院先后承担了“唐山港曹妃甸港区满载进出 40 万吨散货船通航适应性研究”“40 万吨大型船舶靠泊曹妃甸港区安全保障研究”等专题研究，并开展科研创新基金“沿海港口船舶进(出)港与靠离泊及装卸作业安全信息综合管理平台研发”项目。通过系统研究，提出40万吨超大型船舶进（出）渤海超长航路乘潮水位计算方法，解决了超长航路141 km超长浅水区船舶乘潮航行难题；构建了超大型船舶通航与靠离泊风险综合评价指标体系，揭示了船舶从乘潮进港到靠离泊全过程风险因素的相关性机理，并基于模糊数学理论，建立全过程综合安全评价模型；研发了超大型船舶通航安全综合评价与预报软件；提出超大型船舶航行靠离泊限制条件及拖轮配置建议，形成超大型船舶操纵及航行靠离泊安全保障指南。研究成果已被全部应用到唐山港曹妃甸港区、天津港等渤海湾港口的进港船舶中，对超大型船舶进（出）渤海湾航行方案的确定提供了重要的科学依据。取得了巨大的经济效益和社会效益，对未来渤海沿岸港口大型化、集约化发展具有非常重要的指导意义。

本书成果取得的经济、社会效益主要体现在如下几个方面：

（1）采用多手段、多方法、多学科相融合的技术手段，揭示了超长航道潮流传播随船舶行进的发展规律，提出一种超长航路乘潮水位计算方法，研究成果优化了传统乘潮水位算法，改进了本行业解决同类问题的思路和方法，具体解决了40万吨超大型船舶乘潮通过渤海超长航路141 km浅水区的难题。实现了超大型船舶安全进（出）渤海，加快推进国家关于超大型船舶安全进（出）渤海湾规划的落实，充分释放天津港、曹妃甸等深水大港潜能，增强码头作业能力和港口竞争力，减少船舶压港等待时间，提高港口作业效率和运转速度。项目研究成果已在渤海湾转化，在环渤海港口群、航运公司等单位得到了广泛应用，并得到了海事主管机关的高度认可。超大型船舶进（出）渤海海域吃水由19.5 m提升至22.0 m，装载由载重吨的89%提高到95%以上，2017—2020年7月增加经济效益15亿元，效益显著。

（2）保障了40万吨级船舶安全进（出）渤海，改善现有铁矿石运输体系，显著降低超大型船舶减载转港成本，增加船舶装载量。充分利用国外资源，优化国际运输矿石航线选择，降低铁矿石供应链总成本，提高了经济效益，对我国北方钢铁行业结构优化升级有重大推动作用，获得巨大的社会效益。实现了20万吨集装箱船、40万吨散货船等超大型船舶安全进靠不同港口，优化渤海湾整体航运格局，加快推进津冀港口协同发展，积极响应集装箱、散货等码头功能分工、港口资源整合。

（3）实现了通航环境影响要素的数据化、信息化、智能化，推动了渤海湾超大型船舶通航安全综合保障技术的进步，为40万吨级船舶安全进（出）渤海提供技术保障，确保超大型船舶安全进（出）渤海。有效降低硫、氮和碳化合物排放量，作为新型节能、绿色、环保船型，在既定运输量下，40万吨级船舶的排放量较

30 万吨级及 17.5 万吨级散货船等常规主力船型分别下降 9%和 34%，带来十分可观的生态效益。

（4）超大型船舶通航安全综合评价及预报平台通过获取现场风、浪、流、能见度、地形等实测信息，实时评价超大型船舶通航安全情况，结合水动力数值模拟手段对未来既定时间内通航环境风险进行预报。平台有效降低甚至避免航行过程中的潜在危险，提前规避不利因素，采用定性与定量结合手段，真实反映风险因素对通航安全度的影响大小，定量地划定风险级别。平台增强了船舶航行状态监控预警能力，减小了船舶通航风险概率，降低了船舶与各环境要素的相互影响，减少了事故发生的可能性，促进航运工程与自然环境、生态环境协调发展，提升船舶交通智能化水平和服务品质，具有很大的生态、环境效益及推广意义。

本书将超大型船舶通航安全预测模型嵌入全过程动态综合评价模型，开发超大型船舶通航安全综合评价与预报平台，实现既可对在航船舶的通航状态进行实时的动态评价，又能为即将进（出）港船舶提供到港日/离港日通航环境的预判和预警。该成果提高了超大型船舶通航效率，节约时间成本，实现通航环境综合信息动态感知、通航安全辅助信息一体化集成，为港口管理部门、引航部门、船方提供多层次、全过程、智能化的港口船舶安全综合信息服务，提高通航能力，降低风险，保障通航安全，维护水域生境。